Ursula Hahnenberg | Daniela Diephaus

Kleine Kämpfer werden groß

Frühgeborene in Kindergarten und Grundschule

Dank

Wir möchten unserer Lektorin Frau Brigitte Balke-Schmidt danken, die es uns ermöglicht hat, dieses wichtige Buch zu schreiben.

Vielen Dank an Karin Jäkel vom Bundesverband „Das frühgeborene Kind“ e. V. und Dr. Valentin, niedergelassener Kinderarzt und Vorsitzender einer ADHS Initiative für ihre Unterstützung und ihren Beitrag.

Besonderen Dank an Markus Klüpfel, der die wunderbare Karikatur auf Seite 14–15 gezeichnet hat.

Wir bedanken uns auch bei den Teilnehmern unserer Fragebogenaktion für die Unterstützung und die wertvollen Kommentare, die in Auszügen in diesem Buch zitiert werden.

Ursula Hahnenberg | Daniela Diephaus

Kleine Kämpfer werden groß

Frühgeborene in Kindergarten
und Grundschule

BORGMANN
MEDIA

Unser Buchprogramm im Internet
www.verlag-modernes-lernen.de

Informationen zum Online-Material siehe S. 163

Veröffentlicht in der Edition:
***BORGMANN MEDIA* • Schleefstraße 14 • D-44287 Dortmund**

Gesamtherstellung: Löer Druck GmbH, Dortmund
Titelfoto: © kids.pictures – Fotolia.com

Bestell-Nr. 9433 ISBN 978-3-938187-85-2

Inhalt

Interview mit Dr. phil. nat. Reiner Valentin 7

1. **Vorwort und Einführung** 9

2. **Die Kindergartenzeit** 17
2.1 Entwicklungsschritte 17
2.2 15 Dinge, die ein Vorschulkind können sollte 22
2.3 Welche Probleme können auftreten 40
2.3.1 Motorische Schwierigkeiten 40
2.3.2 ADS / ADHS 43
2.3.3 Lesen/ Schreiben 45
2.3.4 Mathematik / Dyskalkulie 48
2.3.5 Soziale Entwicklung 52
2.3.6 Visuelle und auditive Wahrnehmung 53
2.4 Tipps von Eltern für Eltern 57

3. **Die Grundschulzeit** 59
3.1 Entwicklungsschritte im Alter zwischen 6 und 10 Jahren 59
3.2 Was sollte ein Kind zum Ende der Grundschulzeit können? 60
3.3 Welche Probleme können auftreten? 65
3.3.1 Motorische Schwierigkeiten 65
3.3.2 ADHS 67
3.3.3 Lesen / Schreiben 71
3.3.4 Mathematik / Dyskalkulie 75
3.3.5 Soziale Entwicklung 83
3.3.6 Visuelle und auditive Wahrnehmung 88
3.4 Tipps von Eltern für Eltern 92

4. **Praktische Hilfen** 93
4.1 Therapien 93
Frühförderstellen 95
Sozialpädiatrische Zentren 96

	Ergotherapie	97
	Physiotherapie	99
	Motopädie/Mototherapie	100
	Logopädie	102
	Visualtraining/ Funktional-Optometrie	103
	Musiktherapie	105
	Kunsttherapie	107
	Montessoritherapie	108
	Kinesiologie	109
	Lerntherapie	110
	Heilpädagogik	112
	Therapeutisches Reiten	114
4.2	Leitfäden für Gespräche	115
4.3	Punkteplan / Verstärkersysteme	121
4.4	Förderspiele	134
4.5	Lernhilfen	141
5.	**Eltern werden ist nicht schwer, Eltern sein dagegen ...**	149
5.1	Wie ist das wenn ...	149
5.2	Eltern für Eltern	156
5.3	Nachwort	159
6.	**Anhang**	163
6.1	Hinweise zu den Online Materialien	163
6.2	Stichwortverzeichnis	164

Um die Übersichtlichkeit und Lesbarkeit zu gewährleisten, haben wir uns entschieden, in diesem Buch bei den Berufsbezeichnungen das „generische Maskulinum“ zu verwenden, nämlich die männliche Form. Natürlich sind darunter auch alle Therapeutinnen, Kinderärztinnen und so weiter zu verstehen.

Interview mit Dr. phil. nat. Reiner Valentin

Praktizierender ***Facharzt für Kinder-und Jugendmedizin*** *in Grafing bei München und 2. Vorsitzender der ADS-Initiative e. V.*

Können Sie abschätzen, wie viel Prozent der von ihnen behandelten Kinder Frühgeborene im Kindergarten- und Grundschulalter sind?

Alle Kinder, die vor der 37. Schwangerschaftswoche geboren werden, gelten als Frühgeborene. Daraus ergibt sich eine grobe Abschätzung, dass 5 % der von mir behandelten Kinder im Kindergarten- und Grundschulalter Frühgeborene sind.

Auf dem Symposium des Bundesverbandes „Das frühgeborene Kind“ e. V. im Oktober 2011 wurde die These aufgestellt, dass 30 % des Entwicklungserfolges bei Frühgeborenen auf die Förderung durch die Eltern zurückgeht. Inwiefern stimmen Sie dieser These zu?

Die Kompetenz der Eltern bei der Versorgung ihres Frühgeborenen beginnt schon einige Stunden nach der Geburt, wird gefördert durch die Anleitung der Kinderkrankenschwestern sowie des medizinischen Personals und trägt einen wesentlichen Teil am Entwicklungserfolg ihres Kindes.

Welche Rolle spielt die therapeutische Förderung bei Frühgeborenen? Wie wichtig ist es, die Eltern in den Therapieprozess durch Anleitung zu häuslichen Übungen einzubinden?

Aufgrund ihrer Entwicklungsunreife haben die Frühgeborenen einen erhöhten therapeutischen Bedarf, der durch die häuslichen Übungen mit den Eltern unterstützt wird.

Können Sie Probleme identifizieren, die bei Frühgeborenen im Kindergarten- oder Grundschulalter häufiger auftreten als bei normalgeborenen Kindern? Gibt es unter Umständen sogar Probleme, die Sie ausschließlich mit einer Frühgeburt verbinden?

Bei sehr unreifen Frühgeborenen vor der 30. Schwangerschaftswoche häufen sich zerebrale Probleme. Ansonsten haben Frühgeborene häufig mehr Probleme in der Statomotorik, der Körperkoordination und der Aufmerksamkeit. Diese Probleme sind jedoch nicht ausschließlich mit der Frühgeburtlichkeit verbunden.

Welche Förderung erhalten frühgeborene Kinder? Sind Sie mit der Förderung, die frühgeborene Kinder erhalten, zufrieden?

Häufig wird die Förderung von Frühgeborenen schon in der Geburtsklinik eingeleitet. Sie sollte durch den behandelnden Kinderarzt koordiniert werden, mit Unterstützung von Frühförderung, Kinderzentren, Neuropädiatrien und mit regionalen Therapeuten (Physiotherapie, Ergotherapie, Logopädie).

Welche Ratschläge können Sie den Eltern frühgeborener Kinder geben?

Die Eltern sind die Primärtherapeuten. Dieser Verantwortlichkeit müssen sie sich bewusst sein. Sie brauchen jedoch die Unterstützung von professionellen Therapeuten, damit die Therapie in die richtigen Wege gelenkt wird und sich der Entwicklungserfolg einstellt.

1. Vorwort und Einführung

In Deutschland kommen zwischen 7 und 9% der Neugeborenen vor der 37. Schwangerschaftswoche zur Welt, das sind ungefähr 60.000 Kinder. (Angabe der EFCNI, European Foundation for the care of newborn infants, 2010). Die Auslöser für eine Frühgeburt sind vielfältig: Infektionen und Gestosen, Gebärmutteranomalien, Störungen im Hormon- oder Stoffwechselhaushalt, Mehrlingsschwangerschaften, aber auch Zigaretten- und Alkoholkonsum, körperliche und seelische Belastungen, stehen neben vielen anderen Ursachen. Dank modernster Medizin gelingt es, die Überlebensrate auch sehr kleiner Frühgeborener immer weiter zu steigern. Dennoch sind die Kinder nach ihrer Geburt von einer Vielzahl von Komplikationen bedroht.

Hier eine Auswahl:

- Entwicklungsverzögerungen
- Netzhautablösung
- Körperliche Behinderungen, z. B. Spastik, Cerebrale Parese
- Sozio-emotionale Entwicklungsverzögerungen
- Fütter- und Gedeihstörungen
- Defizite im Bereich Hören, Sehen oder Sprechen
- Geistige Behinderung
- Seelische Beeinträchtigungen durch die Zeit in der Intensivstation
- Und andere mehr ...

Ein großer Teil der frühgeborenen Kinder erleiden zum Glück keine schweren geistigen Behinderungen. In der Hannoverschen Frühgeborenen-Langzeitstudie konnte Achim-Peter Neubauer unter anderem herausfinden, dass 48% der untersuchten Frühchen mit weniger als 1000g Geburtsgewicht im Alter von 10 Jahren eine altersgemäße Entwicklung zeigten.

Körperliche Reifungsprozesse haben diese Kinder, oft mit therapeutischer Unterstützung, nachgeholt und sind rein äußerlich gar nicht mehr als „Frühchen" zu erkennen. Trotzdem haben sie oft ihre ganz besonderen Bedürfnisse und eigenen kleinen Schwierigkeiten im Alltag, die durchaus erst dann auffallen können, wenn sie schon eingeschult wurden.

Wichtige Entwicklungsprozesse im Gehirn, die in den letzten Wochen der Schwangerschaft stattfinden, fanden nicht im geschützten Mutterleib, sondern in einer Säuglingsintensivstation in einem Brutkasten statt. Selbst wenn die Kinder keine sichtbaren Beeinträchtigungen dadurch erlitten haben, können Konzentrations- und Wahrnehmungsstörungen und Defizite im Lernverhalten auftreten. Auch die seelischen Beeinträchtigungen sollten berücksichtigt werden. Da viele Frühchen immer wieder erfahren mussten, dass sie kleiner, langsamer oder ungeschickter als ihre Altersgenossen sind, leiden sie oft unter einem geringen Selbstwertgefühl. Sie brauchen vor allem in der Schule mehr Lob und Motivation und immer wieder die Versicherung: „Du bist gut so, wie du bist!"

In diesem Buch wollen wir zeigen, wie man eventuelle Defizite bereits im Vorschulalter erkennen kann, welche Schwierigkeiten auf Frühgeborene in der Grundschule zukommen können und wie man mit ihnen umgehen kann. Mögliche Therapien werden vorgestellt, praktische Hilfen aufgezeigt und nicht zuletzt soll Ihnen als Therapeut, Lehrer, Erzieher oder Elternteil ein Eindruck aus der Welt der Frühgeborenen in der Grundschule vermittelt werden.

Links und Literatur:

- www.enemenemini.eu
  deutschsprachige Website der EFCNI, der Europäischen Stiftung für frühgeborene und kranke Neugeborene
- www.fruehgeborene.de
  Website des Bundesverbands „Das frühgeborene Kind" mit vielen Informationen zum Thema Frühgeburt
- www.fruehgeborene-bildung.de

- Strobel, Kornelia: Frühgeborene brauchen Liebe: Was Eltern für ihr Frühchen tun können, Kösel, 2006

Tagebuch aus einer Säuglingsintensivstation:

Freitag, 05. September 2003: Unser Krümel kam am 28. August per Kaiserschnitt zur Welt. Er wog 1250g, war 38 cm lang, Kopfumfang 29,5 cm, SSW 29 + 0. Es geht uns einigermaßen gut. Über eine Magensonde bekommt er Muttermilch, die ich abpumpe und die er auch ganz gut verträgt. Außerdem hängt er am Tropf, über den bekommt er zusätzlich Nährstoffe, z. B. Vitamine, Fette und Antibiotika. Seine Herzfrequenz und die Sauerstoffsättigung werden ständig gemessen. Insgesamt ist er ziemlich verkabelt, aber das wichtigste ist: er kann alleine atmen. An den Schläfen hat er Klettklebepads, an denen die Brille befestigt wird, die er braucht, wenn er wegen Gelbsucht unter die Lampe muss.

Ich bin am 26. August nachts aufgewacht, weil ich im Nassen lag, hab aber nicht recht realisiert, was passiert war. Selbst als ich morgens (zu Fuß) zum Arzt bin, konnte ich es nicht recht glauben, dass die Fruchtblase geplatzt war. Ich bin sofort liegend ins Krankenhaus gekommen und hab dort Wehenhemmer (Magnesium und Partusisten) und eine Lungenreifespritze bekommen. Das ist Kortison, das die Lunge des Babys dazu bringen soll, die Lungenbläschen fertig auszubilden. Nach 24 Stunden bekam ich die zweite Spritze. Leider wurde eine Infektion entdeckt, die Entzündungswerte in meinem Blut waren sehr hoch und stiegen trotz Antibiotika weiter an. Deswegen wollte der Arzt nicht mehr weitere 24 Stunden abwarten, sondern setzte den Kaiserschnitt für Donnerstag früh an. Dank Spinalanästhesie konnte ich den Kleinen abends das erste Mal auf der Säuglingsintensivstation besuchen. Heute bin ich wieder zu Hause.

Ich hatte am Anfang schon große Schwierigkeiten, die Situation zu akzeptieren. Mein Bauch ist noch dick und wird auch nur langsam weniger, aber da ist kein Baby mehr drin. Auch die Frage nach dem Warum quält mich. Kein Arzt konnte uns diese Frage richtig beantworten, ja da waren Bakterien, die einen Blasensprung auslösen, und ich hatte mir den Bauch gestoßen, aber woher kommt der Infekt? Krümel hatte die besten Voraussetzungen (kein Alkohol, kein Nikotin, keine Medikamente, kein Käse mit Schimmel, keine Salami usw.), jetzt kann er davon profitieren, denn er macht seine Sache für die 29.SSW gut!

Mittwoch, 10. September 2003: Krümel braucht leider seit 2 Tagen wieder eine Atemhilfe, also noch ein Schlauch mehr in der Nase. Darüber wird nur der Druck in der Lunge aufrechterhalten, kein zusätzlicher Sauerstoff. Er hat sich einen Schnupfen eingefangen, ziemlich gemein, das Atmen fällt ihm so schon schwer genug. Das zweite, was ihm Probleme macht, ist, dass der Pförtner, also der Muskel, der den Magen nach oben verschließt, noch nicht ganz zumacht. So läuft das Essen, das er über die Sonde bekommt, teilweise nach oben. Diese beiden Sachen machen wohl, dass er ohne Atemhilfe immer wieder vergisst, zu atmen, bzw. das Herzchen langsamer schlägt und das ist nicht gut. Außerdem hat man festgestellt, dass der Duktus, das ist im Herzen ein Überbrückergefäß zur Lunge, noch offen ist. Bei Ungeborenen geht da das ganze Blut durch, weil die Lunge ja noch nicht gebraucht wird und bei der Geburt verschließt es sich normalerweise. Zur Zeit bekommt er 8 mal am Tag 9ml Muttermilch. Er wog gestern 1290g.

Montag, 15. September 2003: Ich hab mich schon gefragt, ob ich überhaupt weiter schreiben soll, denn dieses Auf und Ab ist gar nicht schön. Der Duktus ist immer weiter aufgegangen und dem Kleinen ging es immer schlechter, so dass man schließlich doch etwas tun musste. Er bekam ein Medikament, das die Durchblutung herabsetzt und durfte erstmal nichts mehr essen, damit der Darm nicht belastet wird. Das Medikament hat ziemliche Nebenwirkungen und beeinträchtigt vor allem Darm und Nieren. Ernährt und mit Flüssigkeit versorgt wurde er über einen zentralen Venenkatheter, also einer Nadel, die fast bis zum Herzen geht. Es scheint geholfen zu haben, der Duktus ist erstmal zu und es geht ihm besser. Aber er hat immer noch den Schnupfen und einen Virus im Darm. Wir brauchen viel Geduld!

Donnerstag, 18. September 2003: Heute ist Krümel 3 Wochen alt! Schon ein großer Junge auf der Frühchenstation. Seit die Sache mit dem Duktus geklärt ist, erwarten alle, dass er jetzt mit den Abfällen in der Herzfrequenz endlich aufhört und sich von der Atemhilfe entwöhnen lässt. Nicht, dass er auf den Schlauch in der Nase steht. Wenn er kann, zieht er ihn raus und das Ding ist immerhin mit 2 Pflastern festgeklebt. Ich bin langsam verwirrt, denn einmal sprechen die Ärzte davon, dass die Abfälle in der Atmung und Herzfrequenz bis zur 35.SSW ganz normal sind (jetzt hat die 33.SSW begonnen) und dann wollen sie doch wieder etwas unternehmen und mit irgendwelchen Medikamenten den Kreislauf sta-

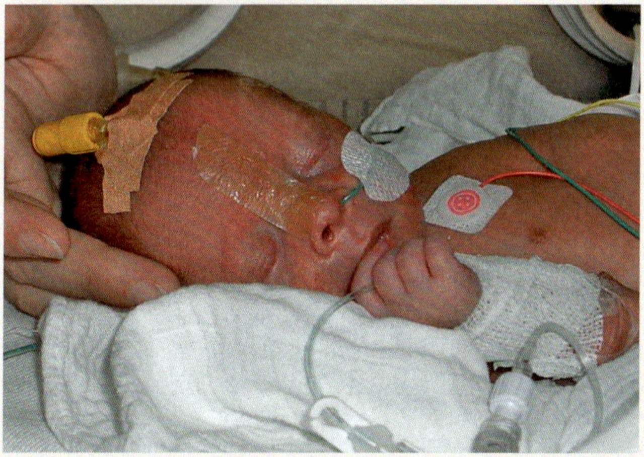

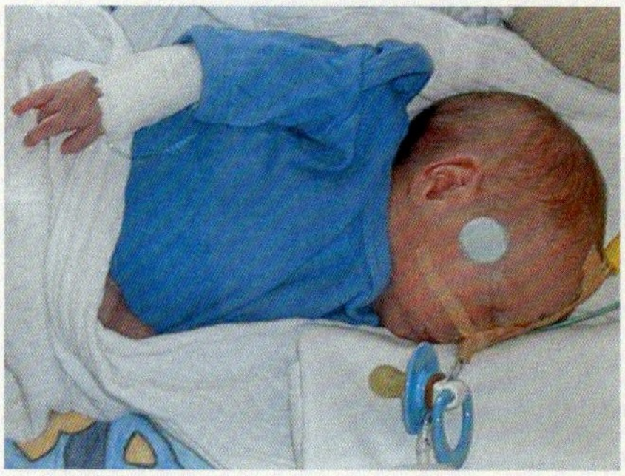

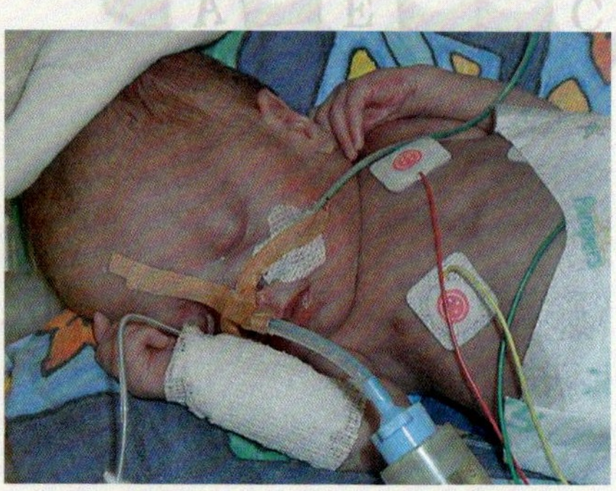

bilisieren. Ich denke mir, wenn man Schnupfen hat, oder zumindest ständig so verschleimt ist, dass man abgesaugt werden muss, dann ist das doch logisch, dass man schlecht Luft bekommt. Aber ich bin kein Arzt.

Dienstag, 26. September 2003: Gestern war ein guter Tag: Fast ohne Bradykardien, also Abfällen in der Herzfrequenz und auch nur ganz wenige Abfälle in der Sauerstoffsättigung. Und wenn, dann war die Nase so zu, dass abgesaugt werden musste. Also hoffen wir, dass das neue Antibiotikum was bringt. Der dritte Stuhltest war negativ, das heißt, die Rotaviren sind weg und können keinen Schaden mehr anrichten. Krümel liegt immer noch im Brutkasten, die Schwester meinte, sie wollen ihn noch nicht ins Wärmebettchen legen, damit sie ihm nichts anziehen müssen und ihn besser beim Atmen beobachten können. Er soll von der Atemhilfe entwöhnt werden. Mir ist eingefallen, dass ich zu Hause schlafen muss, wenn Krümel schläft, weil ich ja nicht die ganze Zeit auf ihn aufpassen kann. Ich weiß noch gar nicht, wie ich das machen soll ...

Donnerstag, 09. Oktober 2003: Es gibt anscheinend bei den Frühchen einen Punkt, ab dem alles besser wird. Vorher krebst man immer so rum, mal klappt das Atmen, mal nicht. Seit letzter Woche scheinen wir den Punkt überwunden zu haben. Krümel atmet ohne Hilfe. Das Antibiotikum ist weg und der zentrale Venenkatheter auch. Das heißt, dass er jetzt alle Nahrung über die Magensonde bekommt, zur Zeit 8 mal 32g. Das ist eigentlich ein bisschen wenig, aber man muss langsam aufbauen. Er wiegt jetzt 1890g. Manchmal hat er Probleme beim Spucken, aber die letzten Tage schafft er es ganz gut, weiter zu atmen, wenn ihm was hochkommt. Er hängt nur noch an den Überwachungsgeräten, zum Wickeln darf er kurz ohne sein. Ich hab gelernt, ihm anzusehen, ob er 89 % oder 97 % Sauerstoffsättigung hat. Wir üben, aus der Flasche zu trinken, das mag er aber gar nicht. Gestern hat die Schwester ihm mit viel Stimulation 9g reingezwängt. Aber wenn er nur ein bisschen müde ist, dann trinkt er gar nicht.

Donnerstag, 23. Oktober 2003: Leider ist Krümel immer noch nicht zu Hause, heute ist er schon 8 Wochen alt, auch wenn er erst in der 38ten SSW ist. Immerhin ist er auf die Säuglingsstation verlegt worden. Abgesehen von Eisentropfen und Fluortabletten bekommt er nur noch 1 Medikament, das ist eine Vorstufe von Koffein wegen des Kreislaufs. Es sollte schon abgesetzt werden, aber dann macht er wieder Abfälle. Und die Magensonde hat er auch noch, weil es mit dem Essen nicht klappt. Er ist mehr wach und nicht mehr ganz so schlapp, aber nach dem Essen fällt er schon noch in Tiefschlaf, meistens sogar mittendrin. Morgen Abend fängt der Erste Hilfe Kurs für Säuglinge an, das ist mir wichtig, denn ich habe gelesen, dass 50 % der Kinder, die am Plötzlichen Kindstod sterben, Frühchen waren. Wenn der Kleine es ohne Koffein schafft, bekommen wir keinen Monitor mit nach Hause. Und er bekommt nur noch 6 Mahlzeiten am Tag, also ein 4 Stunden Rhythmus. Wenn ich mich so umschaue, dann haben wir es für seine SSW noch gut getroffen. Zwar beneide ich die Mütter, deren Kinder in der 34.SSW oder später geboren sind, denn die ziehen einfach an uns vorbei und gehen nach Hause, aber andererseits gibt es auch Kinder, die noch nicht ohne Sauerstoff auskommen.

Montag, 03. November 2003:
KRÜMEL KOMMT AM MITTWOCH NACH HAUSE !!!!!

Dieser Orginal-Tagebucheintrag ist leicht gekürzt worden, aber nicht weiter bearbeitet.

Epilog:
Frühcheneltern kennen das: endlich kommt das Kind nach Hause, der Stress und die Angst werden aber nicht weniger. Nachts lauscht man, ob das Kind auch regelmäßig atmet. Die jeweils aktuellen Anweisungen zur Lagerung von Babys werden genauestens befolgt, damit einen nach allem nicht noch der Plötzliche Kindstod ereilt – gerade männliche Frühgeborene haben ein besonders hohes Risiko. Tagsüber Physiotherapie, viele Übungen kann und soll man auch zu Hause machen – mit Erfolg: schon nach einem Jahr bescheinigte der Kinderarzt im gelben Untersuchungsheft unserem Krümel eine korrigiert altersgemäße Entwicklung. Die Kindergartenzeit war eigentlich sehr entspannt – keine Therapien, keine Termine, keine Auffälligkeiten, außer einer gewissen Unbeholfenheit. Er wurde dann regulär ein paar Tage nach seinem 6. Geburtstag eingeschult. Durch die Frühgeburt war er schulpflichtig, nach errechnetem Geburtstermin wäre er es nicht gewesen ... und nach und nach stellte sich heraus, dass eben nicht alles bestens war!

Wir denken immer wieder daran, wie viel Glück wir hatten – unser Krümel gehört eben nicht zu den 52 % der Frühgeborenen, die keine Regelschule besuchen können, er hat weder geistige noch körperliche Behinderungen davon getragen. ABER: er hat mit seinen eigenen Schwierigkeiten zu kämpfen, er hat ein Drittel der eigentlichen Dauer einer Schwangerschaft in einem Brutkasten verbracht, wichtige Entwicklungen sind in einer völlig falschen Umgebung geschehen. Er gehört zu den 48 % der Frühgeborenen, denen man ihre Probleme nicht auf den ersten Blick ansieht – und von denen dieses Buch handelt.

Mit diesen Sorgen richten sich Eltern von Frühgeborenen an Erzieher und Lehrer:

- „Kann mein Kind noch aufholen? Kann es normal in die Schule?“
- „Ist mein Kind altersentsprechend entwickelt und ist es später schulfähig?“
- „Nimmt mein Kind eine Außenseiterrolle ein? Wird es ausgelacht? Lassen Sie mein Kind nicht unbeaufsichtigt, ich habe Angst, dass ihm ein Unfall passieren könnte!“
- „Hält mein Kind alles auf?“
- „Wie kann ich seine Entwicklung unterstützen?“
- „Wo finde ich kompetente medizinische und pädagogische Hilfe?“
- „Wann kann mein Kind in die Schule gehen und in welche Schule wird es gehen?“
- „Kommt mein Kind im Kindergarten zurecht?“
- „Kann mein Kind den Entwicklungsrückstand aufholen?“
- „Wird mein Kind von gleichaltrigen Kindern akzeptiert?“
- „Schafft mein Kind den Übertritt von der Grundschule auf die weiterführende Schule?“
- „Hat mein Kind zu schlechte Noten?“
- „Hat mein Kind Verhaltensauffälligkeiten oder Teilleistungsstörungen?“

2. Die Kindergartenzeit

2.1 Entwicklungsschritte

Kinder zu fördern bedeutet, eine geeignete Umgebung und ansprechende, angemessene Angebote zur Verfügung zu stellen, die den Kindern die Möglichkeit geben, ihre Fähigkeiten zu erproben und zu trainieren.

„Hilf mir, es selbst zu tun." Dieser Satz von Maria Montessori beschreibt, unabhängig von pädagogischen Konzepten, die Grundforderung aller Kinder. Ob das Baby den Brei essen will, die Vierjährige ihre Kleidung selbst bestimmen und anziehen will, ein Fünfjähriger ohne Mamas Hilfe balancieren möchte; in diesen Beispielen zeigt sich das Verlangen der Kinder nach Autonomie und Selbstbestimmung. Dieses Bedürfnis sollte von Eltern und allen anderen Erwachsenen unbedingt nicht nur respektiert, sondern auch nach den Möglichkeiten des Kindes, aber auch nach denen der betreuenden Personen, erfüllt werden. Lernen Kinder, dass ihnen Aufgaben, wie zum Beispiel das selbstständige Anziehen, immer wieder abgenommen werden (zum Beispiel, weil es zu lange dauert), verlieren sie allmählich die Freude daran, sich auszuprobieren.

Zeigt ein Kind die Lust am Ausprobieren, am Neuen im Vergleich zu Gleichaltrigen in einem oder mehreren Bereichen nicht, muss nicht unbedingt sofort über eine Therapie nachgedacht werden. Zunächst lohnt sich ein genauer Blick auf die Situation: warum hat das Kind kein Interesse, eine bestimmte Fähigkeit zu erwerben? In der natürlichen Entwicklung kann es vorkommen, dass sich ein Kind einen Schwerpunkt sucht und in diesem Bereich seiner Entwicklung schon weiter fortgeschritten ist (z. B. motorisch starke Fußballer oder sprachlich begabte Kinder). Solche Kinder sind in anderen Bereichen vielleicht etwas langsamer. Das ist normal und wird nach einiger Zeit aufgeholt, aber gerade in diesen Bereichen können Eltern und Erzieher motivierend einspringen und den Kindern Angebote in dieser Richtung machen.

Im Alter **zwischen 2 und 4 Jahren** lernen Kinder sowohl ihren eigenen Körper als auch ihre Umwelt immer besser kennen. Sie festigen bereits erworbene Grundkenntnisse und lernen, ihren Körper ihren Bedürfnissen entsprechend einzusetzen. Viele Tätigkeiten werden mit Geduld und Ausdauer immer wieder geübt und wiederholt.

Grobmotorik: Kinder gehen und laufen mit 2 Jahren schon relativ sicher und lernen immer neue Möglichkeiten, sich zu bewegen und fortzubewegen: springen, hüpfen, Treppensteigen, auf Zehenspitzen oder Hacken laufen, balancieren, auf Stühle, Tische, Sofas klettern, mit Rutschauto, Laufrad oder Dreirad fahren und vieles andere mehr. Als betreuende Person sollte man Kindern tagtäglich die Möglichkeit geben, sowohl im Freien als auch im Haus ihre grobmotorischen Fähigkeiten zu verbessern. Dazu gehört auch, einem ängstlichen Kind Sicherheit zu geben und Mut zuzusprechen und ein ungestümes Kind zu beaufsichtigen, damit es seine Fähigkeiten richtig einzuschätzen lernt. Nach dem Motto „Nur wer hinfällt, lernt wieder aufzustehen." sollten Eltern, Erzieher und andere Betreuer Fürsorge dosieren und Kratzer oder Schrammen in Kauf nehmen. Denn wenn ein Kind seine Fähigkeiten selbst testen darf, lernt es mehr, als wenn es nur anderen Kindern dabei zusieht. Geeignete Spiele: mit Bällen und Luftballons werfen und fangen, mit Decken Höhlen bauen und darin wohnen, Murmeln und/oder Faden mit den nackten Füßen aufheben und andere mehr.

Im **feinmotorischen** Bereich werden nun neue Werkzeuge und Materialien entdeckt. Papier und Stifte werden zunächst ausgiebig ausprobiert, bevor dann schöpferisch und gegenständlich gemalt, gezeichnet und gebastelt wird. Große Perlen aufzufädeln, Knöpfe zu öffnen und zu schließen, einfache Puzzles zu machen, Türme (nicht nur) aus Klötzen zu bauen, die eigenen Hände zu waschen und vieles andere, wird stetig und mit großem Interesse geübt. Kinder sollten verschiedenes Material in Ruhe kennen lernen können: am besten bleibt man ruhig, auch wenn der Klebstoff erst gedrückt, verschmiert und ertastet wird. Trotz vieler Freiheiten werden auch klare Regeln aufgestellt (zum Beispiel, dass nach dem Malen alle zusammen die Stifte aufräumen). Auch im feinmotorischen Bereich kann man für Erfolgserlebnisse bei den Kindern sorgen, indem man sie alle Arbeiten, die sie alleine ausführen können, ausführen lässt, auch wenn das Ergebnis nicht so schön aussieht oder auf sich warten lässt.

Kinder im Alter zwischen 4 und 6 Jahren können und sollten im Alltag immer selbstständiger werden und kleine Pflichten im Haushalt übernehmen. Dazu gehört zum Beispiel, sich alleine an- und auszuziehen. Diese Fähigkeit wird schon im Kindergarten immer wieder benötigt; zunächst geht es um Jacke und Schuhe (im Winter auch Schal, Mütze und Handschuhe). Beim Turnen müssen aber auch Hose und Pullover gewechselt werden. Je öfter die Kinder diese Bewegungen in entspannter Umgebung üben können, desto geschickter und schneller werden sie. Daher sollten diese Bewegungsabläufe in ruhiger Atmosphäre, wenn möglich, spielerisch geübt werden. Dabei macht es Sinn, anfangs die Kleidungsstücke in der richtigen Reihenfolge anzureichen. Auch kleine Fortschritte, etwa beim Schließen von Reißverschlüssen oder Knöpfen, sollten gelobt werden. Brauchen Kinder mehr Motivation, eignen sich Token Systeme. Eine ausführliche Beschreibung finden Sie ab Seite 121.

Kinder im Alter zwischen 4 und 6 Jahren steuern auf ein bedeutendes Ziel hin: die **Einschulung**. Im letzten Kindergartenjahr ist die Frage nach der Schulfähigkeit ein großes Thema. Eltern, Großeltern, Erzieher und auch Therapeuten sind deshalb darum bemüht, die Entwicklung eines Kindes so zu fördern, dass es schulfähig ist.

Aber was genau bedeutet „schulfähig"?
Aus Sicht der Kultusministerien gilt ein Kind dann als schulfähig, wenn es körperlich, geistig-seelisch und sozial soweit entwickelt ist, dass es am Unterricht erfolgreich teilnehmen kann. Die Schulfähigkeit wird in der Regel durch Schuluntersuchungen vor der Einschulung festgestellt. Im körperlichen Bereich wird überprüft, ob der allgemeine Entwicklungs- und Gesundheitszustand erwarten lässt, dass der Schulanfänger den körperlichen Anstrengungen des Schulalltags gewachsen ist. Die geistige Schulfähigkeit beinhaltet z. B. das Mengen- und Symbolverständnis oder die Fähigkeit zur differenzierten Wahrnehmung und willentlichen Aufmerksamkeit. Es werden zudem persönlichkeitsbezogene Kompetenzen überprüft, wie das Vermögen, sich in soziale Ordnungen einzugliedern, Übernahme von Pflichten und eine dem Alter entsprechende Selbständigkeit.

Durch Gespräche mit den Erzieherinnen und dem Kinderarzt lässt sich klären, ob ein Kind die nötige Schulreife hat oder bis zum Schulbeginn erlangen wird. In Zweifelsfällen wird der Kinderarzt kinderpsychiatrische, ergotherapeutische oder logopädische Diagnostiken anraten.

Schulrelevante Fähigkeiten

Das lange Sitzen, die mitunter schweren Schulranzen und das Erlernen der Schreibbewegungen stellen für Schulanfänger neue körperliche Anforderungen dar, die nach gut entwickelten **motorischen Fähigkeiten** verlangen.

Eng verbunden mit der Motorik ist die Wahrnehmung. Unter **Wahrnehmung** versteht man die Sammlung von Informationen eines Lebewesens mittels seiner Sinne. Man unterscheidet die Wahrnehmung des eigenen Körpers und die Wahrnehmung der Außenwelt. Eine gute Körperwahrnehmung ist die Basis für die Entwicklung der Grob- und Feinmotorik. Die Außenwelt wird über die Fünf Sinne (sehen = visuell, hören = auditiv, tasten = taktil, riechen und schmecken) wahrgenommen.

Von zentraler Bedeutung für die erfolgreiche Teilnahme am Unterricht ist die **Kognition**. Darunter versteht man das „Denken" in einem umfassenden Sinn. Zu den kognitiven Fähigkeiten zählen Aufmerksamkeit, Erinnerung, Lernen, Kreativität und das Planen. Im Kindergarten lernen die Kinder Farben und Formen zu benennen und zuzuordnen sowie Mengen abzuzählen und optisch zu erkennen.

Um eine Aufgabe zu verstehen und sie ausführen zu können, muss sich ein Kind auf die Aufgabenstellung konzentrieren und sich den Auftrag merken können.

Bereits im Kindergarten müssen die Kinder sich in Gruppen zurechtfinden und haben somit die Möglichkeit, **soziale** und **emotionale** Kompetenzen zu entwickeln. Der sozio-emotionale Bereich umfasst das Denken und Fühlen eines Menschen sowie sein Verhalten gegenüber anderer Personen. Für die Kinder bedeutet dies, Vertrauen in die eigenen Fähigkeiten zu haben, Konflikte selbst lösen und Regeln einhalten zu können, sowie die Fähigkeit zu besitzen, Freundschaften aufzubauen und pflegen zu können.

Um einem Kind einen gelungenen Start in den Schulalltag zu ermöglichen, ist es hilfreich, einzelne Bereiche zu fördern, vor allem, wenn sich dort Schwächen zeigen oder die persönlichen Interessen eines Kindes sich in andere Richtungen verlagern (wenn z. B. ein Kind lieber malt, als zu toben, oder ein anderes den Fußball nur ungern gegen Stift und Papier eintauscht.). Welche Vorlieben hat das Kind, geht es bestimmten Anforderungen aus dem Weg? So kann man gezielt auf auffällige Bereiche einwirken und ein Kind in seinen individuellen Interessen unterstützen.

Ein strukturierter Tagesablauf in dem ein Kind Pflichten übernimmt, gibt die Möglichkeit, Selbständigkeit zu entwickeln und zu lernen, organisiert an Aufgaben heran zu gehen.

2.2 15 Dinge, die ein Vorschulkind können sollte ...

Welche Voraussetzungen muss ein Kind erfüllen, um „fit für die Schule“ zu sein? Zu diesem Thema gibt es eine Unmenge Fachliteratur, viele Treffer bei einer Internetsuche und es gibt Fachleute verschiedener Fachrichtungen, die es wissen sollten. Allerdings sind Schwerpunkte und Meinungen breit gefächert. Es gibt sie einfach nicht, die 10 Dinge, die funktionieren müssen, um einen erfolgreichen Schulbesuch zu garantieren!

Doch es gibt gewisse Grundvoraussetzungen, die zum Beispiel in den ärztlichen Vorsorgeuntersuchungen („U9“) überprüft werden, um die Schulfähigkeit festzustellen.

Die 15 Dinge, die ein Vorschulkind können sollte, lassen sich in vier verschiedene Bereiche aufteilen:

- Motorik im Sinne von Grobmotorik und Feinmotorik
- Kognition
- Soziale Integration
- Sprache

Warum sind diese Fähigkeiten für den schulischen Erfolg von Bedeutung? Und wie kann man Kinder darin unterstützen, diese Fähigkeiten zu erlernen?

1. Grobmotorik: 8 Sekunden auf einem Bein stehen und 5 x auf der Stelle auf einem Bein springen

In der U9 Untersuchung überprüft der Arzt, ob das Kind 8 Sekunden lang auf einem Bein stehen und 5x auf der Stelle springen kann. Ein guter Gleichgewichtssinn ist wichtig, um gehen, stehen und Treppen steigen zu können. Er spielt aber auch tagtäglich beim An- und Ausziehen eine bedeutende Rolle. Oder setzen Sie sich jedes Mal hin, wenn Sie sich eine Hose anziehen?

Mit verschiedenen Spielideen lässt sich das Gleichgewicht ganz nebenbei schulen:

Elefantenfußstapfen

Material: 4 bis 6 Hula Hoop Reifen

Legen Sie die Hula Hoop Reifen im Garten auf dem Rasen oder in der Wohnung auf einem Teppich in einer Reihe. Achtung! Die Reifen sollten so fixiert werden, dass sie nicht verrutschen. Auf Teppich am besten mit Klebeband fixieren. Die Reifen stellen Elefantenfußstapfen dar. Die Fußstapfen von Elefanten sind na-

türlich so tief, dass man nicht einfach hindurch gehen kann. Man muss vielmehr von einem Fußabdruck zum nächsten springen! Das Kind soll sich vor den ersten Reifen stellen und mit beiden Beinen gleichzeitig mitten hinein springen. Von dort hüpft es weiter in den zweiten Reifen, usw. Wichtig ist, dass es die Beine beim Springen zusammen lässt und versucht, ohne Einsatz der Hände zu landen. Wenn es das flüssig schafft, dann kann es den Sprung bald schon auf einem Bein versuchen!

Flussüberquerung im Wohnzimmer

Material: verschiedene Kissen oder, wenn vorhanden, Teppichfliesen

Legen Sie ca. 8 bis 10 Kissen oder Teppichfliesen in einer Reihe aus. Der Abstand zwischen den Kissen sollte so groß sein, dass das Kind einen mittelgroßen Schritt machen muss. Die Kissen stellen Flusssteine dar, die die einzige Möglichkeit bieten, den Fluss (= Fußboden oder Teppich) trockenen Fußes zu überqueren. Wenn das Kind nun von Kissen zu Kissen steigt, setzt es die Füße automatisch weniger breitbasig, also enger zusammen, als beim normalen Gang. Damit muss es zwangsläufig das Gleichgewicht besser ausbalancieren. Zudem entsteht beim Gang von Kissen zu Kissen ein Wechseln von Standbein und Spielbein. Das Kind hält also immer wieder kurz das Gleichgewicht auf einem Bein.

Ein ganz simpler Trick um das Gleichgewicht zu halten besteht darin, einen Punkt mit den Augen zu fixieren. Probieren Sie es selbst einmal: stellen Sie sich auf ein Bein und schauen Sie im Raum umher oder versuchen Sie, die Augen zu schließen. Stehen Sie sicher? Vermutlich eher nicht. Richten Sie nun die Augen fest auf einen Punkt, ein Bild an der Wand, die Türklinke oder die Maserung im Holzfußboden. Als könnten Sie sich daran festhalten, stehen Sie nun sicherer. Kinder kommen manchmal nicht von allein auf diese Strategie! Sollte Ihnen jedoch auffallen, dass ein Kind trotz Erklärung nicht in der Lage ist einen Punkt mit den Augen zu fixieren, sollten Sie den Augenarzt aufsuchen! Probleme im Fixieren eines Gegenstandes können das Gleichgewicht beeinträchtigen und haben unter Umständen auch Auswirkungen auf die feinmotorischen Leistungen.

2. Grobmotorik: Einen aufgeprallten Ball fangen

Ein Vorschulkind sollte in der Lage sein, einen Ball, der vor ihm einmal auf dem Boden aufgeprallt wird, mit beiden Händen sicher zu fangen. Diese Leistung ist wichtig, da sich in ihr das Zusammenspiel von Augen und Händen spiegelt. Bewegungen, die von den Augen überwacht und gesteuert werden, führen wir täglich unzählige Male aus: Jedes Mal wenn wir nach einem Stift, einer Flasche oder einem Kleidungsstück greifen, wenn wir ein Glas auf dem Tisch abstellen oder uns eine Notiz machen.

Solange ein Kind noch Schwierigkeiten hat, einen Ball zu fangen, können Sie ihm den Ball zurollen. Stellen Sie sich mit leicht gegrätschten Beinen gegenüber und wählen Sie einen Abstand bei dem Sie sicher sind, dass ihn das Kind überbrücken kann. Nun rollen Sie sich den Ball gegenseitig zu. Bevor der Ball die Beine passiert, wird er abgefangen. So trainiert das Kind bereits die Koordination von Augen und Händen. Es lernt aber auch, die Ausführung der Bewegung zeitlich zu planen. Wenn Sie den Ball schneller rollen, steigern Sie den Schwierigkeitsgrad.

Manchmal spielt die Auswahl des Balles eine große Rolle dabei, wie gut das Kind den Ball fangen kann. Halten Sie deshalb zum Üben Bälle bereit, die das Kind gut greifen kann. Zu kleine (z. B.Tennisbälle) und zu große Bälle (z. B. Basketbälle) sind für Kinder schwer zu handhaben. Zudem sollten die Bälle weich sein. Das nimmt den Kindern die Angst vor dem Ball, das Verletzungsrisiko ist geringer und weiche Bälle sind auch leichter festzuhalten.

3. Grobmotorik: Roller oder Fahrrad fahren

Ob sich das Kind mit dem Roller oder dem Fahrrad sicher fortbewegen kann, beurteilen Eltern selbst am besten. Sich mit solch einem Fahrzeug fortzubewegen verlangt Konzentration, Gleichgewicht und eine gute Koordination von Armen und Beinen. Nur wenn das Kind seine Umgebung aufmerksam betrachtet, kann es sicher und unfallfrei fahren.

Da die grundlegenden Fähigkeiten zum Roller oder Fahrrad fahren Koordination und Gleichgewicht sind, sollten Kindern alle Spielgeräte angeboten werden, die diese Bereiche trainieren. Geeignet sind zum Beispiel Schaukeln, Becherstelzen, Trampolin, Gokart oder Laufrad und viele andere.

Eine weitere wichtige Voraussetzung sind die äußeren Begebenheiten: das Kinderfahrrad muss geeignet, ein passender Fahrradhelm sollte vorhanden sein. Achten Sie auf die Sicherheit! Wählen Sie die Sattelhöhe so, dass das Kind auf dem Sattel sitzend mit beiden Füßen den Boden gut erreichen kann und sich, und das Fahrrad sicher halten kann. Für die ersten Fahrversuche eignen sich verkehrsfreie Parkplätze, Spielstraßen oder asphaltierte Feldwege. Bleiben Sie bei den ersten Fahrversuchen gelassen und ruhig. Bauen Sie nicht schon vorher Druck auf, indem Sie das Fahren lernen häufig thematisieren. Bei den ersten Fahrversuchen dürfen Sie natürlich leicht anschieben, halten und nebenher laufen. Wenn Sie merken, dass das Kind trotz Ihrer Hilfestellung keine Fortschritte erzielt, brechen Sie nach ca. einer Viertelstunde ab. Von nun an würde die Frustrationstoleranz auf beiden Seiten strapaziert, die Freude lässt nach. Versuchen Sie es lieber in ein paar Tagen erneut!

Wenn die ersten Fahrversuche erfolgreich verlaufen sind, können Sie langsam die Schwierigkeit steigern: zeichnen Sie z. B. mit Straßenkreiden leichte Kurven, lassen Sie vor angezeichneten Hindernissen abbremsen. Üben Sie das Aufsteigen, Anfahren und Absteigen. Nach und nach können Sie Kreise fahren lassen oder den Untergrund ändern.

4. Feinmotorik: Einen Menschen malen, der über Kopf mit Gesicht, Rumpf, Arme und Beine verfügt.

Die Entwicklung der Handgeschicklichkeit und ihre Bedeutung für die kindliche Gesamtpersönlichkeit sollte nicht unterschätzt werden, denn Schreiben zu lernen, ist ein gesellschaftlich hoch geachtetes und gefordertes Gut. Der erste Schritt auf dem Weg zum Schreiben lernen, sind gemalte Bilder. Kinder entdecken die Welt und sich selbst in ihren Zeichnungen und können über Bilder ihre Gefühle ausdrücken. Im Vorschulalter nehmen die gemalten menschlichen Körper anatomische Formen an. Es sind Kopf, Rumpf sowie unterschiedene Gliedmaßen wie Hände und Füße zu erkennen. Der einzelne Mensch wird klar definiert, und Eigenschaften wie groß, klein, männlich, weiblich, alt, jung usw. werden abgebildet. Die Stufe des sogenannten Kopffüßlers (aus dem Kopf wachsen Arme und Beine, die Gliedmaße sind eher schemenhaft als Striche dargestellt) hat das Kind im Vorschulalter überwunden.

Eine wichtige Voraussetzung, um das Abbild eines Menschen malen zu können, ist die Kenntnis des eigenen Körpers. Nur wenn ein Kind nicht nur weiß, sondern auch spürt, wie Arme, Beine, Kopf und Rumpf zusammengehören, dann kann es dies auch bildnerisch darstellen. Um dem Kind ein besseres Gefühl für den eigenen Körper zu vermitteln, eignen sich Massagen, z. B. mit einem Igelball. Sie können das Kind auch nach dem Baden trocken fönen oder den ganzen Körper eincremen. Benennen Sie dabei die Körperteile oder lassen Sie das Kind die Körperteile benennen.

Eine andere Möglichkeit den eigenen Körper kennen zu lernen, bietet sich den Kindern, wenn sie ein **Bild von sich in Originalgröße** anfertigen können.

Material: eine große Papierrolle oder eine Tapetenrolle, Stifte, Wasserfarben und Pinsel

Legen Sie ein Stück Papier, etwas größer als das Kind, auf den Boden. Das Kind legt sich auf den Rücken auf das Papier und ein Erwachsener oder ein anderes Kind zeichnet die Umrisse nach. Das Kind sollte dabei so still wie möglich liegen. Nun kann das Kind seinen eigenen Körperumriss ausmalen.

Wenn möglich, hängen Sie das Bild an einer freien Fläche, z. B. an der Tür, auf. Wenn das Kind sein Körperbild nun ausmalt, kann es einen Bezug zum eigenen Körper herstellen. Es steht dem Bild gegenüber und sieht dadurch die Anordnung der Körperteile in der gleichen Ebene. So wird den Kindern bewusst, dass sie nicht irgendetwas ausmalen, sondern den eigenen Körperumriss, der da wie ein Spiegel vor ihnen hängt. (Spielidee aus „Das große Förder-Spiele-Buch Band 1)

5. Feinmotorik: Den Stift im Dreipunktgriff halten

Viele Kinder nutzen eine Zeit lang den „Pfötchengriff", um den Stift zu halten. Dabei halten vier bis fünf Finger den Stift, die Finger sind angespannt, die Schulter/Armmuskulatur ist eher verspannt. Um flüssig, unverkrampft und später zügig schreiben zu können, sollte sich das Kind bis zur Einschulung an den Dreipunktgriff gewöhnt haben. Dabei wird der Stift von Daumen und Zeigefinger gehalten und liegt auf dem Mittelfinger auf. Das Stiftende ruht in der Falte zwischen Daumen und Zeigefinger. Die Hand liegt leicht auf der Handkante auf, so dass sie auf der Kleinfingerseite abgestützt wird.

Die wichtigste Voraussetzung für das Schreiben ist allerdings zunächst nicht die richtige Stifthaltung, sondern die Freude am Malen. Papier in unterschiedlichen Größen und Materialbeschaffenheiten sowie verschiedene Stifte und Farben sollten jederzeit griffbereit liegen. Die Stifte sollten dabei stets eine adäquate Länge haben (3cm kurze Stummel können Sie mit ruhigem Gewissen entsorgen!) und möglichst dick sein. Dickere Stifte haben den Vorteil, dass sie für Kinderhände leichter zu greifen sind und schwerer sind. Je mehr Gewicht ein Stift hat, desto mehr Rückmeldung bekommt das Kind beim Schreiben. Viel Rückmeldung bedeutet, dass es weniger fest aufdrücken muss und den Stift entspannter und mit weniger stiftführenden Fingern greifen kann.

Manchmal ist es hilfreich, die korrekte Stifthaltung bildlich zu erklären, damit die Kinder nachvollziehen können, wie sie den Stift halten sollen. Die Aufforderung „Nimm den Stift bitte richtig!" ist gut gemeint, hilft dem Kind aber nicht, wenn es nicht weiß, was „richtig" ist! Die Kinder könnten sich einen dreieckigen Stift z. B. wie ein Hausdach vorstellen: der Mittelfinger ist der Balken, auf dem das Dach ruht (der Stift liegt auf dem Mittelfinger auf), Zeigefinger und Daumen bilden die Dachspitze (jeder Finger bekommt eine Seite des dreieckigen Stiftes). An Hand dieses Bildes kann das Kind selbst überprüfen, ob es den Stift richtig hält.

6. Feinmotorik: Eine Vorlage ausschneiden

Einfache geometrische Formen, wie ein Quadrat, ein Dreieck oder einen Kreis, sollte ein Kind vor der Einschulung entlang einer gut sichtbaren Linie ausschneiden können. Die Schere hält es dabei in einem differenzierten Scherengriff, das heißt, der Daumen ist oben, der Ellbogen ist angewinkelt. Das Kind sollte die richtige Schneiderichtung einhalten. Rechtshänder schneiden gegen den Uhrzeigersinn, Linkshänder im Uhrzeigersinn. Die Haltehand passt sich an die Schneidebewegungen an und bleibt dazu stets in etwa auf Höhe der Schere.

Beobachten Sie Ihr Kind beim Schneiden: Wie hält es die Schere? Benutzt es die zur Händigkeit passende Schere? Wie arbeiten die Hände zusammen? Wo schaut das Kind hin? All diese Faktoren können das Ergebnis deutlich beeinflussen! Einige Kinder drehen beim Schneiden den Daumen nach unten, andere strecken die Hand viel zu weit vom Körper weg. Manchmal unterstützt die Haltehand die Schneidebewegung nicht, sondern bleibt statisch. Einige Kinder sind beim Schneiden abgelenkt und fixieren zwischendurch nicht mehr die Linie. Andere schauen von der falschen Seite auf die Linie. Normalerweise schaut man in die Handfläche hinein, weil dort die Schneideflächen der Schere sind. Schaut das Kind von der anderen Seite auf die Schere, verdeckt die Schere die Linie. Trifft eine dieser Schwierigkeiten bei einem Kind zu, machen Sie es darauf aufmerksam. Wird es beim Üben mit Anleitung nicht besser, sollten Sie sich an den Kinderarzt wenden, um abklären zu lassen, woher die Problematik kommt.

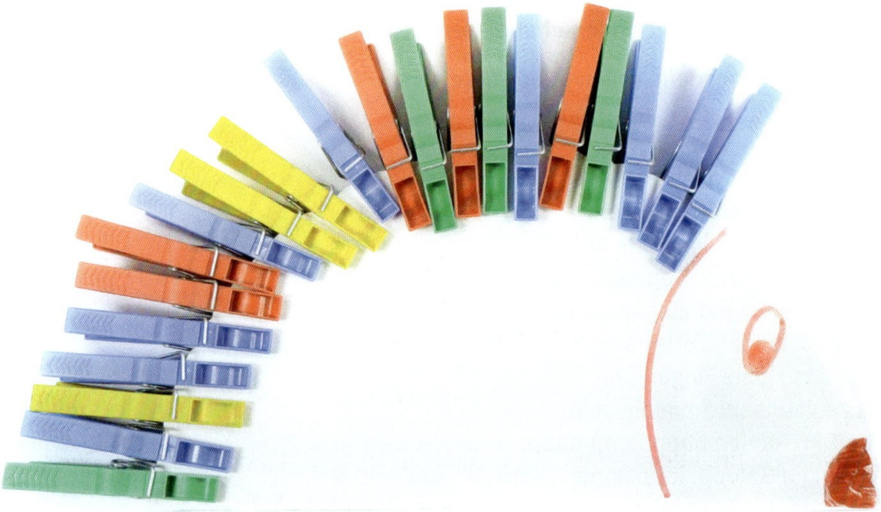

Als Vorübung zum Schneiden empfiehlt sich der spielerische Umgang mit Zangen und Wäscheklammern. Hierbei trainiert das Kind das Zusammenspiel von Daumen- und Zeigefinger. Es übt aber auch schon, die Bewegungen mit den Augen zu koordinieren, wenn es die Klammern an einer Schnur oder einem Stück Pappe festmacht.

7. Kognition: Bis 10 zählen, das Würfelschema erkennen

Mit spätestens sechs Jahren sollte ein Kind die Zahlenreihe bis zehn beherrschen, also sicher von eins bis zehn zählen können. Selbstverständlich ist das Erlernen der Zahlen auch ein Aufgabenbereich in der Schule. Bereits in der ersten Klasse kommen aber bald Rechenaufgaben hinzu, die Kenntnis der Zahlenreihe wird vorausgesetzt. Inzwischen weiß man darüber hinaus, dass Kinder, die im Kindergartenalter Probleme haben, Mengen zu erkennen (z. B. die Punkte des Würfels), mit größerer Wahrscheinlichkeit in der Schule mit Rechenschwierigkeiten auffallen.

Eine Grundvoraussetzung, um zählen zu können und das Würfelschema zu erkennen, ist das Wissen darüber, wie viele Finger sich an einer Hand befinden. Oft fällt auf, dass Kinder, die sich beim Zählen schwer tun, dazu keine Aussage machen können, sondern nachzählen müssen. Um die Vorstellung davon, wie viele Finger eine Hand hat, zu festigen, eignen sich Fingerspiele. Am besten sind solche, die jeden Finger in die Geschichte einbinden. Hier finden Sie eine kleine Auswahl:

Alle meine Fingerlein wollen einmal Tiere sein

Alle meine Fingerlein wollen heute Tiere sein.
Dieser Daumen dick und rund
ist der große Schäferhund.
Zeigefinger ist das stolze Pferd,
von dem Reiter hoch verehrt.
Mittelfinger ist die bunte Kuh,
die macht immer muh muh muh.
Ringfinger ist der Ziegenbock,
mit dem langen Zottelrock.
Und das kleine Fingerlein,
das soll unser Lämmlein sein.
Die Tiere laufen hopp hopp hopp,
laufen im Galopp, lopp, lopp.
laufen in den Stall hinein,
denn es wird bald Abend sein.

Hasenfang

Fünf Männlein sind in den Wald gegangen,
wollten gern ein Häslein fangen.
Der erste war so dick wie ein Faß,
der brummte immer:
„Wo ist der Has‘, wo ist der Has‘“ ,
der zweite rief:
„Da ist er ja, da ist er ja !“.
Der dritte, das war der Längste
aber auch der Bängste,
der fing an zu weinen:
„Ich seh‘ ja keinen, ich seh‘ ja keinen.“
Der vierte rief:
„Das ist mir zu dumm, ich kehr‘ wieder um.“
Und der Kleinste, wer hätte das gedacht,
der hat den Hasen nach Hause gebracht,
da haben alle laut gelacht
ha, ha, ha, ha, ha !

Regen

Der sagt: „Vom Regen wirst du nass.“
Der sagt: „Der Regen ist kein Spaß.“
Der sagt: „Da geh‘ ich gar nicht aus. „
Der sagt: „Da bleib‘ ich zu Haus‘.“
Der sagt: „Ich kann auf die Sonne nicht warten,
geh‘ mit dem Regenschirm in den Kindergarten !“

Zahlen Fotograf

Material: eine Digitalkamera, ein Schulheft, ein Spaziergang in der Stadt

Wenn sich Kinder noch schwer tun, die Zahlen zu erkennen und sie in die richtige Reihenfolge zu bringen, dann nehmen Sie beim nächsten Stadtbummel eine Kamera mit. Fordern Sie das Kind auf, ganz bewusst auf die Zahlen von 1 bis 10 zu achten. Wo finden sich diese Zahlen überall? Auf Verkehrsschildern? Als Hausnummern? Auf Preisschildern oder Autokennzeichen? Zusammen mit Ihnen darf das Kind die Zahlen fotografieren. Zu Hause drucken Sie die schönsten Bilder aus und kleben Sie in der richtigen Reihenfolge in ein Schulheft. Jede Zahl bekommt dabei eine Doppelseite. Beim nächsten Stadtspaziergang können Sie dann auf Gegenstände achten, die einmal vorkommen oder von denen man zwei, drei, vier zusammen sieht. Diese Fotos soll das Kind dann wiederum zur richtigen Zahl im Heft zuordnen. Mit diesem Spiel haben Sie die Möglichkeit, die Zahlenvorstellung des Kindes zu verbessern, ohne auf ein starres Setting am Tisch zurückkommen zu müssen. Das Kind ist in Bewegung und erlebt die Beschäftigung mit Zahlen als Spaß statt als Pflicht.

Überlegen Sie kurz, zu welchen Gelegenheiten Sie sich im Alltag mit Zahlen beschäftigen. Einige dieser Situationen lassen sich nutzen, um Kinder mit Zahlen vertraut zu machen. So könnte das Kind die Aufgabe übernehmen, die Telefonnummer einzutippen, wenn das nächste Mal mit der Oma telefoniert werden soll. Oder lassen Sie den Nachwuchs beim Kochen und Backen helfen. Auch wenn große Zahlen noch nicht bekannt sind, können Kinder unter Ihrer Anleitung damit umgehen („Wenn auf dem Display der Waage zum ersten Mal eine 2 an der ersten Stelle steht, sagst du Stopp!“ oder „Du darfst jetzt Zucker reinlöffeln bis da 125 steht“). Wiederholen Sie beim Kochen und Backen die Arbeitsschritte: „Als erstes haben wir ..., als zweites kam dann ...“

8. Kognition: Symbole erkennen

Wenn wir lesen, geben wir den gedruckten Symbolen, die wir vor uns sehen, eine Bedeutung und reihen die vielen kleinen Bedeutungen zu einem Wort zusammen. Jeder Buchstabe und jede Zahl ist ein Zeichen, dem eine relativ feste Bedeutung zugeordnet wird. Solche Symbole finden Kinder im Alltag häufig: das große gelbe „M“ eines Fastfood-Restaurants, das rote „A“ der Apotheken, das Piktogramm, das den Weg zum Schwimmbad weist. Wichtig ist, dass Kinder verstehen, dass sich die Bedeutung dieser Symbole nicht ändert.

Symbol-Bingo

Material: entweder Digitalkamera, Papier und Drucker oder Papier und Stifte

Bereiten Sie vor dem nächsten Stadtbummel eine Auswahl an Symbolen vor, die das Kind unterwegs suchen soll. Dazu können Sie entweder Fotos machen, wenn Sie selbst einmal unterwegs sind oder Sie greifen auf Piktogramme und Logos aus dem Internet zurück. Natürlich können Sie auch selbst kreativ sein und Zeichnungen anfertigen. Das Kind bekommt einen Zettel mit Symbolen und soll nun darauf achten, wo sich diese Symbole finden. Jedes gefundene Symbol streicht es aus und bespricht es mit Ihnen: wo ist es zu finden und welche Bedeutung steckt dahinter? Wo hat es dieses Symbol vielleicht schon einmal gesehen?

9. Kognition: Den eigenen Namen schreiben können

Schon vor dem ersten Schultag sollte ein Kind seinen eigenen Namen schreiben können. Diese Fähigkeit stärkt das Selbstvertrauen – es kann sein Namensschild selbst beschriften, es erkennt dann auch den eigenen Namen unter vielen anderen unbekannten Namen wieder. Zudem motiviert es das Kind, einige Buchstaben schon vor Schulbeginn erlernt zu haben.

Meist beginnen Kinder von selbst damit, ihren Namen schreiben zu wollen, schließlich sehen sie nahezu jeden Tag, wie Erwachsene in ihrem Umfeld schreiben. Sollte die Motivation anfangs noch nicht so groß sein, können Sie besondere Situationen nutzen, um das Schreiben interessanter zu machen. So könnte es zum Beispiel auf Geburtstagskarten oder Briefen für Freunde oder Familienmitglieder selbst unterschreiben. Sie können es auch darauf aufmerksam machen, dass alle Künstler auf ihren Bildern „unterschreiben“ und es dazu auffordern, seine Kunstwerke ebenfalls mit seinem eigenen Namen zu versehen. Wichtig ist dabei, dass Sie möglichst von Anfang an darauf achten, dass das Kind die richtige Schreibrichtung wählt. Dies bezieht sich sowohl auf die Schreibrichtung des ganzen Wortes (also von links beginnen nach rechts schreiben) wie auch auf die Schreibrichtung des einzelnen Buchstabens (die meisten beginnt man entweder links unten oder oben). Hat sich ein Kind erst einmal daran gewöhnt, das „B“ von unten in einer durchgehenden Linie zu schreiben (bzw. zu malen), fällt es ihm in der Schule unnötig schwer, sich auf die vom Lehrer verlangte Schreibweise umzustellen.

10. Soziale Integration: Regeln einhalten und fair verlieren können

Auf Regeln treffen wir nicht nur im Spiel, sondern auch im wahren Leben. Erwachsene halten sich den ganzen Tag völlig automatisch an unzählige Regeln: im Straßenverkehr, im Familienalltag, im Beruf oder an der Supermarktkasse. Kinder müssen viele dieser Regeln erst lernen. Dazu gehört auch, zu lernen, dass es Regeln gibt, die unangenehm sind und dennoch eingehalten werden müssen! Im Spiel mag das Einhalten der Regeln dazu führen, dass das Kind den Kürzeren zieht und verliert. Die kindliche Frustrationstoleranz sollte soweit ausgeprägt sein, dass es mit einer Niederlage fair umgehen kann. Welche Regeln innerhalb einer Familie existieren, ist unterschiedlich. Wichtig ist, dass dem Kind bewusst ist, warum diese Regeln existieren und mit welchen Konsequenzen es rechnen muss, wenn es diese nicht einhält.

Bevor Sie darüber nachdenken, ob Ihr Kind ein fairer Verlierer sein kann, sollten Sie zunächst kurz in sich gehen und überlegen, wie Sie sich selbst verhalten, wenn Sie beim Spielen den Kürzeren ziehen ...

Ihr eigenes Verhalten dient dem Kind als Vorbild! Wenn es bestimmte Spiele gibt, die Sie nicht gern spielen, weil Sie dabei häufiger verlieren, dann nimmt Ihr Kind dies wahr. Bemühen Sie sich daher, keine Spiele aus diesem Grund zu vermeiden. Erklären Sie Ihrem Kind vielmehr, wie es Ihnen im Falle einer Niederlage geht. Besprechen Sie, dass Sie sich dann zwar ärgern, dem anderen aber gleichzeitig den Sieg gönnen und sich mit ihm freuen können. Verdeutlichen Sie, dass Sie, auch wenn Sie sich ärgern, bereit sind, das Spiel erneut zu spielen, das Spiel nicht abbrechen und erst recht nicht destruktiv mit dem Spielmaterial umgehen.

Regelspiele eignen sich hervorragend, um Verhaltensweisen für den Alltag zu üben. Achten Sie daher beim Spielen auf folgende Grundregeln:

- Wenn ein neues Spiel erklärt wird, hören alle Mitspieler aufmerksam zu.
- Wenn die Spielregeln verstanden wurden, werden diese von allen befolgt.
- Jeder Spieler wartet ab, bis er an der Reihe ist und spielt dann nur einmal.
- Das Ende des Spiels wird respektiert.
- Das Spielmaterial wird nach Ende des Spiel gemeinsam aufgeräumt.

Wenn es bestimmte Familienregeln gibt, die ein Kind zu umgehen versucht oder regelmäßig nicht einhält, dann kann es sinnvoll sein, gemeinsam ein Plakat mit den Regeln zu gestalten. Mit Schulkindern lassen sich diese Regeln schriftlich festhalten. Vorschulkindern helfen Symbole, Bilder oder Fotos. Fotografieren Sie z. B. die am Boden liegende Jacke. Dieses Bild können Sie auf dem Plakat dick rot durchstreichen oder einen traurigen Smiley daneben malen. Fotografieren Sie zudem die Garderobe mit der korrekt aufgeräumten Jacke. Neben dieses Bild zeichnen Sie nun einen lachenden Smiley oder ein grünes Ausrufezeichen. Binden Sie das Kind bei der Gestaltung ein, so wird es das Plakat besser akzeptieren. Außerdem finden Sie gemeinsam gewiss leichter Symbole, die Familienregeln darstellen können, so dass sie für alle verständlich sind.

11. Soziale Integration: Konflikte lösen und andere Meinungen gelten lassen können

Unstimmigkeiten, kleine Konflikte und Streitereien gehören wohl oder übel zum Alltag. Erwachsene sind in der Regel in der Lage, sie zu lösen. Kinder kommen umso häufiger in Konflikte, je öfter sie mit anderen Menschen zusammentreffen. Um sich in einer Gruppe zurechtzufinden und sich wohl zu fühlen, ist es notwendig, die Meinung anderer gelten zu lassen und Kompromisse zu schließen. Kinder müssen lernen, Konflikte zu lösen und fair zu streiten. Dabei soll das Kind nicht dazu angehalten werden, Konflikten stets aus dem Weg zu gehen! Viel wichtiger ist, aus dem Verhalten der Eltern Schlüsse für sein eigenes Verhalten ziehen zu können. Ein Kind soll in der Lage sein, im Streit nicht körperlich handgreiflich und nicht beleidigend zu werden. Zudem muss es gelernt haben, einen Streit beenden zu können.

Das Interesse für das soziale Umfeld außerhalb der Familie nimmt ab dem 5. Lebensjahr meist automatisch zu. Die Kinder wollen nicht mehr nur mit Familienmitgliedern spielen, sondern viel lieber mit anderen Kindern. Ermuntern Sie Kinder zu solchen Kontakten! Erste Freundschaften bieten die Möglichkeit, andere Kinder und ihre Meinungen kennen zu lernen. Freunde helfen in schwierigeren Situationen und Konflikte oder Probleme können zusammen bewältigt werden. Denn mit den ersten Freundschaften entstehen meist auch Auseinandersetzungen mit den neuen Spielkameraden. Je häufiger ein Kind also mit anderen Spielkameraden in Kontakt kommt, desto größer ist das Übungsfeld, auf dem es sich für die Schulzeit vorbereiten kann.

Die Eltern spielen beim Erlernen der Fähigkeit, Konflikte zu bewältigen, eine zentrale Rolle. Zum einen dienen sie als Vorbild, an dem sich das Kind orientieren kann. Zum anderen braucht das Kind die Eltern, um seine Sorgen und Nöte kundtun zu können. Eltern können helfen, herauszufinden, um welchen Konflikt, um welches Problem es sich handelt. Lassen Sie sich erklären, was das Kind aufregt oder was es bedrückt und suchen Sie dann gemeinsam nach Lösungen. Wichtig ist, diese Probleme nicht lange aufzuschieben. Das ist nicht immer leicht, da sich die Konflikte des Kindes nicht nach Ihrem Alltag richten. Versuchen Sie aber, das Kind nicht auf später zu vertrösten, sondern ihm in der Situation die Möglichkeit zu geben, wichtige Lernerfahrungen zu machen.

Im Buchhandel gibt es eine große Auswahl an Büchern zum Thema „Konflikte lösen“ und „eine andere Meinung haben“. Mit solchen Büchern können Sie dem Kind helfen, seine Gefühle zu verstehen, Toleranz für andere Meinungen zu entwickeln und Lösungswege für Konflikte zu entdecken. Natürlich sollten Sie diese Bücher stets mit dem Kind zusammen anschauen und intensiv besprechen.

12. Soziale Integration: Auf andere zugehen können

Auf Mitmenschen offen zuzugehen, fällt auch manchen Erwachsenen schwer. Nicht jeder knüpft leicht neue Kontakte. Gerade Erwachsene, die damit Probleme haben, können einschätzen, wie schwer es ist, diese Hemmungen zu überwinden, auch wenn sich das lohnt ...
Viele Kinder wagen es nur zögerlich, auf Personen außerhalb der Familie zuzugehen. Das ist aber notwendig, um Kontakte zu knüpfen, Freunde zu finden oder um zu bekommen, was man will. In einer Schulklasse begegnet das Kind unter Umständen vielen neuen Menschen auf einmal. In dieser Gemeinschaft findet es sich am leichtesten zurecht, wenn es in der Lage ist, neugierig auf andere zuzugehen.

Nutzen Sie den Alltag als Übungsfeld: wo immer es sich anbietet, darf das Kind selbst seine Wünsche äußern – in der Eisdiele, beim Bäcker, im Spielwarenladen. In manchen Situationen kann das Kind vielleicht die Aufgabe übernehmen, zu bezahlen. Oder es darf im Restaurant den Kellner darauf aufmerksam machen, dass Sie gerne zahlen würden. Oft wird es von den Personen, die es anspricht, ein positives Feedback bekommen. Selbstverständlich sollten Sie den Mut zur Kontaktaufnahme auch positiv bestärken.

Auf andere zuzugehen kann das Kind auch üben, wenn es anderen Kindern etwas anbieten darf. Lädt es andere ein, mitzuspielen oder teilt es eine Süßigkeit auf dem Spielplatz mit anderen Kindern, trifft es gewiss auf positive Resonanz.

13. Sprache: Verständlich, in zeitlicher Reihenfolge erzählen können

Schon im Kindergarten üben Kinder im Morgenkreis, sich für andere verständlich auszudrücken. Dabei ist es zunächst wichtig, die Grammatik korrekt anzuwenden, auf Einzahl, Mehrzahl, Gegenwart und Vergangenheit zu achten. Die grammatikalischen Besonderheiten der Sprache lernen Kinder durch zuhören und nachahmen. Um sich verständlich auszudrücken, muss das Kind mit Begriffspaaren wie früh-spät, kleiner – größer, hinter – neben – über – unter umgehen und eine Vorstellung von zeitlichen Abfolgen entwickelt haben. Spätestens wenn es darum geht, Briefe oder Aufsätze zu schreiben, braucht ein Kind die Fähigkeit, seine Vorstellungen verständlich mitzuteilen.

Um Kinder darin zu fördern, sich verständlich auszudrücken, frei zu erzählen und dabei grammatikalische Regeln einzuhalten, bietet sich das Führen eines Kalendertagebuchs an. Vor allem zu Jahresbeginn bekommt man bei Banken, Sparkassen oder anderen Geschäften Tischkalender geschenkt, die je eine Woche pro Kalenderblatt anzeigen und für jeden Tag eine Spalte zum Beschriften vorsehen. In diesen Kalender können Sie jeden Abend eine kleine Zeichnung machen, die

veranschaulicht, was an dem Tag besonderes passiert ist. Lassen Sie dabei das Kind erzählen, was ihm vom Tag besonders in Erinnerung geblieben ist. Berichtet es von einem besonders großen Turm, den es im Kindergarten gebaut hat, könnte dieser gemalt werden. Hatte es Besuch von einem Freund oder wurde ein Ausflug gemacht, versuchen Sie, dies in Form eines kleines Bildes darzustellen. Schon beim Rekapitulieren des Tages trainiert das Kind neben seiner Merkfähigkeit auch den sprachlichen Ausdruck. Jeden Sonntag können Sie sich nun diesen Kalender zu Hand nehmen und gemeinsam die Woche Revue passieren lassen: was haben Sie alles erlebt? In welcher Reihenfolge fanden die Ereignisse statt?

Wenn Ihr Kind an bestimmten Tagen stets zur Oma geht oder von einer Tante vom Kindergarten abgeholt wird, kann der Kalender auch dort besprochen werden. Die Tatsache, dass die Woche dann mit einer Person besprochen wird, die nicht alle Ereignisse miterlebt hat, macht es besonders wichtig, dass sich das Kind verständlich auszudrücken versucht. Die Bilder geben dann einen Hinweis darauf, von was das Kind erzählt, so dass Frustrationserlebnisse verhindert werden können, wenn der Gesprächspartner das Kind nicht gleich versteht.

14. Sprache: Laute erkennen

Laute sind die kleinste Einheit unserer Sprache und nicht immer mit dem Buchstaben identisch (denken Sie an ei, y oder sch). Kinder hören den ganzen Tag unterschiedliche Laute, müssen aber dazu angeleitet werden, sie bewusst wahrzunehmen. Wenn ein Kind Laute erkennen kann, dann ist es z. B. in der Lage, den Anfangsbuchstaben zu benennen oder zu identifizieren, ob ein bestimmter Laut in einem Wort vorkommt („hörst du ein „o“ in Sonne?“). Nur wenn ein Kind Laute

unterscheiden und wahrnehmen kann, ist es in der Lage, Sprache und einzelne Wörter richtig zu verstehen. Damit stehen ihm zudem die wesentlichen Grundlagen fürs Schreiben- und Lesenlernen zur Verfügung.

Mit einfachen Memo Spielkarten können Sie das Erkennen von Anlauten trainieren. Suchen Sie zwei Karten mit gleichem Anlaut und eine abweichende Karte heraus. Das Kind soll den Anlaut benennen und den Außenseiter identifizieren. Das gleiche Spielprinzip können Sie für Inlaute und Endlaute anwenden.

Auch im Spielwarenhandel finden sich inzwischen Spiele zur Identifizierung von Anlauten:
Flocards Junior Set SK1: Lautanalyse, Anlaute; Oberschwäbische Magnetspiele
SprachFIX-Legespiel: Anlaute-Spiele zur Sprachförderung von Anja Boretzki
LernSpielZwerge Kartenspaß: Anlaut-Memo

15. Sprache: Reime bilden und erkennen

„Was sich reimt, ist gut“ – so heißt es beim Pumuckl. Seit einigen Jahren ist bekannt, dass Kinder, die Reime erkennen und bilden können, Rechtschreibung leichter erlernen. Schwierigkeiten im Reimen können hingegen ein Vorzeichen für eine Lese-Rechtschreib-Schwäche sein. Beim Reimen lernen Kinder, dass es Wörter gibt, die einen ähnlichen Klang bei unterschiedlicher Bedeutung haben. Erst später verstehen sie, dass sich in der Schreibweise ein Buchstabe ändert. Beim Reimen ist dabei gar nicht so wichtig, dass das Kind mit sinnvollen Wörtern umgeht. Auch Quatschwörter lassen erkennen, ob das Kind Reime bilden und erkennen kann.

Im Spielwarenhandel hat man sich inzwischen darauf eingestellt, dass Reimen eine Fähigkeit ist, die spielerisch trainiert werden sollte. So finden sich von einigen Verlagen Spiele, die sich schwerpunktmäßig oder zum Teil mit Reimwörtern befassen. Hier eine kleine Auswahl:

- SprachFIX-Legespiel: Reime-Spiele zur Sprachförderung
- Die freche Sprech-Hexe von Ravensburger
- LÜK – Übungshefte zu verschiedenen Themen
- Oberschwäbische Magnetspiele Flocards – Spielsets zu verschiedenen Themen
- Der reimende Sprechdachs von Huch & Friends
- Die Große Ratz-Fatz Spielewelt von HABA

Links und Literatur:

- Sinnhuber Helga; Spielmaterial zur Entwicklungsförderung – von der Geburt bis zur Schulreife; verlag modernes lernen – Dortmund; 2005
- Dr. Ebbert Birgit; 100 Dinge, die ein Vorschulkind können solle; GU München 2010

- www.familienhandbuch.de

2.3 Welche Probleme können auftreten

2.3.1 *Motorische Schwierigkeiten/Entwicklungsverzögerungen im motorischen Bereich*

Bei einer Entwicklungsverzögerung handelt sich um eine deutliche Verlangsamung in der Entwicklung von Funktionen, die eng mit der biologischen Reifung des Zentralnervensystems verknüpft sind. Die Beeinträchtigungen nehmen oft mit zunehmendem Alter ab, wenngleich geringere Defizite auch im Erwachsenenleben zurück bleiben können.

Die Reihenfolge vieler kindlicher Entwicklungsschritte ist festgelegt, da sie aufeinander aufbauen (z. B. erst frei sitzen, dann stehen). Das Tempo, in dem die Schritte aufeinander folgen, kann in einzelnen Entwicklungsbereichen sowie von Kind zu Kind unterschiedlich sein.

So hat jedes Kind in jedem Entwicklungsbereich ein eigenes Tempo und innerhalb gewisser Grenzen sind Unterschiede im Entwicklungsstand zwischen Kindern gleichen Alters völlig normal. Es gibt jedoch Grenzwerte, die definieren, wann ein Kind welchen Entwicklungsschritt spätestens gemacht haben sollte. Wenn ein Kind sich langsamer entwickelt als gleichaltrige Kinder, gilt es nicht als entwicklungsverzögert. Erst wenn es einen bestimmten Entwicklungsabschnitt zum spätmöglichsten Zeitpunkt noch nicht erreicht hat, spricht man von einer Entwicklungsverzögerung.

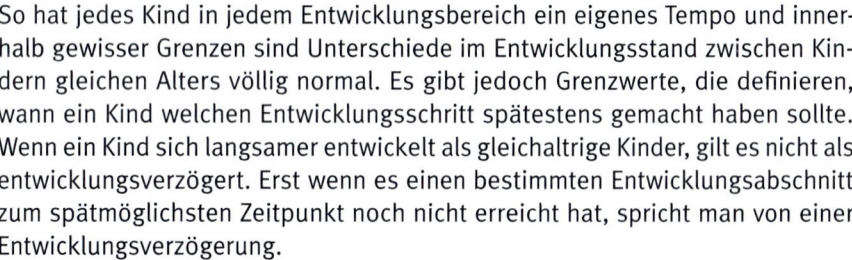

Eine Entwicklungsverzögerung kann vielfältige Ursachen haben:
- Schädigung des Gehirns während der Schwangerschaft, der Geburt oder in der frühen Kindheit
- Traumatische Erlebnisse
- Unzureichendes Reizangebot oder eine verhinderte emotionale Beziehung

Bei einem Großteil der Entwicklungsverzögerungen lassen sich keine medizinischen Grundlagen finden. Es fällt jedoch auf, dass Jungen häufiger betroffen sind als Mädchen.

Zur Feststellung einer Entwicklungsretardierung stehen Kinderärzten, Psychologen und anderen Angehörigen medizinischer Berufe zahlreiche Testverfahren zur Verfügung, anhand derer der Entwicklungsstand des Kindes für die verschiedenen Bereiche ermittelt und mit dem Altersdurchschnitt verglichen werden kann. Die Diagnose einer Entwicklungsverzögerung schließt alle Bereiche von Motorik, Wahrnehmung und kognitiven Eigenschaften, bis hin zur Sprachentwicklung usw. ein.

Wenn im motorischen Bereich Entwicklungsverzögerungen auftreten, betrifft es die Bewegungsabläufe des Kindes. Im Kindergartenalter fallen Kinder mit motorischen Entwicklungsverzögerungen oft als ungeschickt auf. Sie haben z. B. Schwierigkeiten beim Anziehen, lassen häufiger Gegenstände fallen oder stoßen etwas um. Balancieren, werfen und fangen vermeiden diese Kinder häufig, vor allem, wenn es bei Ballspielen auf Geschicklichkeit ankommt. Kinder mit einer verzögerten motorischen Entwicklung brauchen zum Erlernen des Fahrradfahrens und des Schwimmens mehr Zeit als gleichaltrige Kinder. Gerade das Kindergartenpersonal sollte darauf achten, dass die Kinder wegen ihrer mangelnden motorischen Leistungen nicht Opfer von Hänseleien werden.

Leistungsrückstände in der motorischen Entwicklung sind therapierbar. Ein gezieltes, intensives und auf das Kind abgestimmtes Training verspricht Erfolg. Bei den Angeboten sollte Wert darauf gelegt werden, dass die Kinder ihre eigenen Bewegungsideen verwirklichen können, Vertrauen in die eigene körperliche Leistungsfähigkeit gewinnen und Freude an Bewegung erleben. So kann erreicht werden, dass auch ein entwicklungsverzögertes Kind mit Spaß an Bewegungsspielen teilnimmt und von anderen Kindern als Spielpartner akzeptiert wird. Auch Eltern können bei der Behandlung motorischer Entwicklungsverzögerungen einen wichtigen Beitrag leisten: Einerseits müssen sie akzeptieren, dass ihr Kind Probleme hat und ungeschickter ist als andere Kinder. Andererseits sollten sie ihr Kind in besonderem Maße zu Bewegungsspielen und sportlichen Aktivitäten ermutigen. Hilfestellungen sollten dabei auf das notwendigste beschränkt werden. Kinder mit motorischen Problemen aus falsch verstandener Vorsicht in ihren Bewegungsmöglichkeiten einzuschränken, kann dazu führen, dass sie motorische Herausforderungen weiter meiden. Ihre Leistungsfähigkeit droht sich dann im Vergleich zu Gleichaltrigen weiter zu verschlechtern. Eltern sollten also ihr ungeschicktes Kind dosiert herausfordern, statt es zu schonen oder übermäßig zu behüten.

Fallbeispiel:

Tina geht seit einem Jahr in den Kindergarten. Sie hat viele Freunde und ist bei den Erziehern beliebt. Am liebsten hält sich Tina in der Puppenecke auf. Dort entwickelt sie viele Spielideen, mit denen sie andere Kinder begeistern kann. Tina spielt sehr kreativ mit wechselnden Spielpartnern, kann sich aber auch lange alleine beschäftigen. Wenn die Gruppe zum Spielen in den Garten geht, bleibt Tina aber die meiste Zeit bei den Erziehern. Tina meidet die Fahrzeuge wie Dreirad, Kettcar oder Roller. Sie spielt nicht mit, wenn die anderen fangen oder verstecken spielen. Auf der Schaukel lässt sie sich zwar kurz anschieben, schafft es aber nicht, die Schaukel selbst in Schwung zu bringen. In der Garderobe bekommt Tina stets Hilfe, da sie sich die Matschhose und die Schuhe nur langsam anzieht.
Tinas Mutter fällt auf, dass Tina im Vergleich zu ihrer großen Schwester ungeschickt und tollpatschig wirkt. Auf dem Spielplatz kommt es viel öfter zu kleinen Unfällen und auch zu Hause ist es immer wieder Tina, die gegen Möbel stößt, über Teppichkanten stolpert und bei Tisch das Glas umwirft. Tinas Mutter hat stets ein wachsames Auge auf Tina und hält sie von vermeintlich gefährlichen Situationen fern.
Auf Anraten des Kinderarztes nimmt Tina an einer Psychomotorik-Gruppe teil. Der Gruppenleiter erklärt Tinas Mutter, dass die Zeit im Inkubator dazu geführt hat, dass Tina als Baby andere Bewegungserfahrungen gemacht hat als reifgeborene Kinder. Es sei aber dennoch wichtig, Tina diese Erfahrungen nun „nachträglich" machen zu lassen. In der Psychomotorik hat Tina immer wieder Erfolgserlebnisse und entwickelt dadurch mehr Freude an Bewegung. Auch traut sie sich nun mehr zu und drängt darauf, Neues auszuprobieren. Im Vergleich zu ihrer großen Schwester ist Tina zwar weiterhin die „Tollpatschige", aber Angebote wie Kinderturnen, Schwimmkurs und der Abenteuerspielplatz, den die Familie nun regelmäßig besucht, helfen ihr weiterhin, sich Schritt für Schritt zu verbessern. Schließlich ist es Tinas Ziel, bald mit dem Fahrrad zum Kindergarten zu fahren!

2.3.2 ADS / ADHS

Im Kindergartenalter wird bei Kindern mit ADS oder ADHS deutlich, dass es ihnen schwerer fällt, sich in Gruppen zu integrieren. Sie haben oft eine geringe Frustrationstoleranz, stehen gern im Mittelpunkt und es fällt ihnen schwer, sich auf eine Sache zu konzentrieren. Motorisch sind sie sehr aktiv. Vor allem Kindern mit ADHS kommen immer neue Ideen, fast alles, was sie sehen, hören oder woran sie denken, stellt für sie einen interessanten Reiz dar.
Mit drei bis fünf Jahren sind viele Kinder in der Lage, Ablenkungen bewusst auszublenden und sich mehrere Minuten lang (Fünfjährige durchaus auch 15 Minuten lang) auf ihr Spiel zu konzentrieren. Sie reagieren zwar auf Ansprache, finden dann aber schnell zu der vorher ausgeführten Beschäftigung zurück. AD(H)S Kinder lassen sich viel leichter ablenken, haben eine geringere Aufmerksamkeitsspanne und finden unter Umständen nicht selbst zu ihrer Beschäftigung zurück, sondern reagieren sofort auf einen neuen Reiz. Vor allem, wenn sich das Kind allein beschäftigt, fällt dieses Verhalten auf. In der Gegenwart eines Erwachsenen oder bei Spielen mit hohem Aufforderungscharakter (z. B. am Computer) gelingt es Kindern oft besser, ihre Aufmerksamkeit aufrecht zu halten.
Es muss jedoch unbedingt beachtet werden, dass verschiedene Auffälligkeiten im Laufe der Entwicklung völlig normal sind. Andere Besonderheiten im Verhalten des Kindes können als Warnsignale angesehen werden, führen aber noch nicht zur Diagnosestellung. Die Strukturen im Gehirn, die für die Steuerung der Aufmerksamkeit verantwortlich sind, befinden sich im Kindergartenalter noch im Aufbau. Bei vielen Kindern, die im Kindergarten als hyperaktiv beschrieben werden, fallen in der Schule kaum noch Symptome auf. Eine endgültige Diagnosestellung erfolgt daher erst ab 6 Jahren bzw. mit Schulbeginn!

Genauere Informationen zu Diagnosestellung, Häufigkeit und Ursachen von ADS / ADHS finden Sie auf Seite 67 ff.

Fallbeispiel:

Steffen ist ein Wirbelwind. Im Kindergarten kennt ihn jeder, vom Hausmeister bis zu den Eltern der Kinder aus anderen Gruppen. Steffen betritt den Gruppenraum meist noch vollkommen angezogen und wird von der Erzieherin dann zurück zur Garderobe geschickt. Wenn seine Mutter ihm dort nicht beim Ausziehen hilft, verteilt er seine Kleidungsstücke im gesamten Eingangsbereich des Kindergartens, weil er hier etwas anschauen und dort jemanden begrüßen möchte und dabei immer wieder etwas liegen lässt. Im Morgenkreis fällt es Steffen unglaublich schwer, still auf seinem Stuhl sitzen zu bleiben. Stellt die Erzieherin eine Frage, platzt Steffen meist unaufgefordert mit der Antwort heraus. Im Freispiel stört Steffen die anderen Kinder, weil er sich, ohne zu fragen, in ihr Spiel einmischt oder Gegenstände an sich nimmt, die ihn gerade interessieren. Steffen ist ein begehrter Spielpartner für wilde Spiele im Garten. Hierbei kommt es immer wieder zu kleinen Unfällen, da Steffen Gefahren nicht einschätzen kann. Bei Regelspielen neigt Steffen zu Wutausbrüchen. Oft verlässt er weinend den Tisch, wenn er merkt, dass seine Gewinnchancen schwinden.
Das Mittagessen mit Steffen läuft meist so ab, dass seine Mutter ihn ständig auffordert, zu essen statt zu erzählen und sich wieder auf seinen Platz zu setzen. In seinem Zimmer kann sich Steffen sehr gut alleine beschäftigen. Im Spiel mit seinen Spielzeugautos versinkt er regelrecht, hier ist er über Stunden konzentriert und lässt sich durch äußere Reize nicht ablenken. Wenn es darum geht, sich bettfertig zu machen, zeigt Steffen Einfallsreichtum: erst muss er noch etwas trinken, dann sucht er in seiner Kindergartentasche nach einer Spielfigur. Keine der Aufforderungen seiner Mutter führt Steffen vollständig aus. Sowohl die Erzieher im Kindergarten als auch seine Eltern sind sich sicher, dass Steffen kognitiv den Anforderungen der Regelschule gerecht wird. Der Kinderarzt hat Steffen nun an ein Sozialpädiatrisches Zentrum überwiesen, um dort abklären zu lassen, ob es sich bei Steffens Problemen tatsächlich um ADHS handelt. Zudem erwartet die Familie Informationen, was im familiären Alltag beachtet werden muss und mit welchen Therapien und Angeboten Steffen unterstützt werden kann.

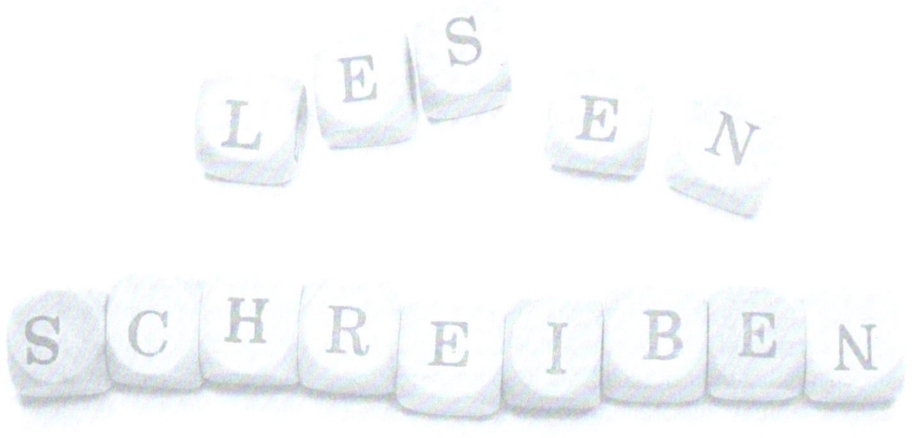

2.3.3 Lesen/Schreiben

Die Basisvoraussetzungen für das Lesen und Schreiben bilden sich bereits im Kindergartenalter. Schon im Alter zwischen zwei und vier Jahren beginnt die Weiterentwicklung der Sprache. Ausgehend von 20 bis 50 Worten vergrößern Kinder ihren Wortschatz und lernen, mit Sprache besser umzugehen. In dieser Zeit ist es besonders wichtig, mit den Kindern viel zu sprechen, zu erzählen, aber auch zuzuhören. Viele Kinder singen gerne oder lernen kleine Verse.

Ab dem dritten bis vierten Lebensjahr haben Kinder in der Regel die Fähigkeit, Reimwörter zu bilden und zu erkennen. Sie entwickelt sich durch Fingerspiele, Abzählverse, Lieder und Gedichte, die zu Hause oder im Kindergarten gesungen, gespielt und aufgesagt werden. Die Kinder bekommen so eine Einsicht in den lautlichen Aufbau der Sprache. Wenn Kinder lesen und schreiben lernen, müssen sie die lautlichen und strukturellen Aspekte der Sprache erkennen. Sie brauchen die Fähigkeit, aus dem Lautstrom der gesprochenen Sprache einzelne lautliche Elemente (losgelöst vom Inhalt) zu unterscheiden und zu erkennen. Diese Fähigkeit bezeichnet man als Phonologische Bewusstheit. Es gilt inzwischen als gesicherte Erkenntnis, dass zwischen der Qualität der phonologischen Bewusstheit und der Entwicklung von Lese-Rechtschreibkompetenz ein kausaler Zusammenhang besteht.

Die erste Stufe des Lese- und Schrifterwerbes beginnt bereits im Kindergartenalter. Sie sehen die Eltern z. B. den Einkaufszettel schreiben und wollen daraufhin selbst etwas kritzeln oder Buchstaben aus dem Werbeprospekt abschreiben. Sie hören, wie jemand einem Kind vorliest und tun dann so, als ob sie dem Stofftier vorlesen. Sie ahmen also äußere Verhaltensweisen nach und machen so die Erfahrung, dass Lesen und Schreiben in unserer Gesellschaft von Bedeutung sind.

Wenn Kinder anfangen, Buchstaben abzumalen, spielen visuelle, also gesehene Reize eine große Rolle. Kinder setzen sich in dieser Phase bereits mit Schrift auseinander und haben erkannt, dass ein Schriftzug nicht gleichzusetzen ist mit einem Bild, sondern dass er vielmehr eine feststehende Bedeutung hat. So erkennen sie Firmenembleme, die Buchstaben ihres Namens oder erlernte Wörter wie z. B. MAMA oder OMA. Die Kinder haben noch keine Buchstabenkenntnis, wissen aber um deren Funktion. Sie können einzelne Wörter (meist den Namen oder kurze, einfache Wörter wie PAPA oder OPA) auswendig aufschreiben, benennen dabei aber oft nicht den Buchstabennamen, sondern auf visuellen Reizen basierende Hilfestellungen (bei A beispielsweise „jetzt kommt das Zelt", bei S „die Schlange"). Die produzierten Wörter sind eher gemalt als geschrieben. Lieder und Sprachspiele können zum Beispiel Autofahrten verkürzen, dadurch vergrößern sie ihren Wortschatz und erfahren, dass die Beschäftigung mit Sprache Spaß machen kann.

Die Stiftung Lesen veröffentlicht unter http://www.stiftunglesen.de/leseempfehlungen.html regelmäßig Leseempfehlungen. Dabei können die Bücher thematisch ausgewählt werden (z. B. Bücher zum Thema Freundschaft, Tiere, Familie etc.). Zudem finden sich dort kurze Zusammenfassungen des Inhalts sowie Angaben zum geeigneten Lesealter.

Links und Literatur:

- Küspert / Schneider: Hören, lauschen, lernen Sprachspiele für Vorschulkinder. Würzburger Trainingsprogramm zur Vorbereitung auf den Erwerb der Schriftsprache; Vandenhoeck & Ruprecht
- Burger-Gartner / Heber: Auditive Verarbeitungs- und Wahrnehmungsleistungen bei Vorschulkindern, Diagnostik und Therapie; Verlag modernes lernen, Dortmund, 2006
- Hahnenberg / Diephaus: Das große Förderspielebuch Band 3, Verlag modernes lernen, Dortmund, 2012

- www.stiftunglesen.de

Fallbeispiel:

Florians Familie konnte bislang auf eine entspannte Kindergarten-Zeit zurück blicken: Florian war zwar nie ein „Überflieger“, tat sich als Linkshänder zuweilen beim Malen etwas schwer und war beim Turnen nicht das erste Kind, das den „Hampelmann“ vorführen konnte. In den Entwicklungsgesprächen zeigten sich die Erzieher aber stets zufrieden. Im letzten Kindergartenjahr nimmt Florian nun an der Vorschule teil. Dort wird das „Würzburger Trainingsprogramm zur phonologischen Bewusstheit“ angewendet. Im Rahmen der Beschäftigung mit dem Arbeitsmaterial fällt den Erziehern auf, dass Florian die Anlaute von Worten nicht benennen kann. Auch kann er nicht erkennen, ob zwei Worte mit dem gleichen Laut beginnen. Auf die Frage „Fangen Affe und Apfel gleich an?“ antwortet er: „Nein, der Affe ist doch ein Tier“. Zwar kann Florian ihm bekannte Reime wiedergeben (z. B. Haus – Maus), aus verschiedenen Bildkärtchen kann er aber nur mit Hilfe die sich Reimenden herausfinden. Große Schwierigkeiten zeigen sich auch beim Zerlegen von Worten in Silben. Hier wirkt Florian überfordert und äußert seiner Mutter gegenüber, dass er das blöde Spiel mit den Silben einfach nicht mag!
Die Erzieherin bittet Florians Mutter, beim Ohrenarzt die allgemeine Hörfähigkeit überprüfen zu lassen. Dieser stellt eine Verordnung für Logopädie aus, mit dem Ziel, die auditive Wahrnehmung zu trainieren. Von der Erzieherin bekommt Florians Mutter nun regelmäßig kleine Hausaufgaben in spielerischer Form. Florians Mutter ist klar, dass sich die nun bestehenden Schwierigkeiten leichter abbauen lassen, als eine ausgeprägte LRS. Zudem ist es ihr wichtig, die Zeit ohne schulischen Leistungsdruck, in der noch spielerisch trainiert werden kann, optimal zu nutzen. Durch regelmäßige Übungen und die therapeutische Maßnahme konnte Florian sich kontinuierlich verbessern und wurde regulär eingeschult.

2.3.4 Mathematik / Dyskalkulie

Wenn Kinder in die Schule kommen, wird das Vorhandensein bestimmter Fähigkeiten erwartet, ohne dass diese bereits vollständig ausgeprägt sein müssen. Es handelt sich dabei um Fertigkeiten, die das mathematische Denken und später den Erfolg im Erlernen der Rechenfunktionen begünstigen. Bei den sogenannten „Vorläuferfähigkeiten“ handelt es sich um:

- das Ordnen und Kategorisieren nach Merkmalen,
- das Schätzen von Mengen und Größen,
- das räumliche Vorstellungsvermögen und
- den Umgang mit Zahlen.

Aber auch die Fähigkeit, Handlungen zu planen sowie Konzentration und Merkfähigkeit, zählen zu den Basisvoraussetzungen.

Bereits Vorschulkinder sieht man oft spielerisch kategorisieren: sie ordnen Bausteine nach Größe, Material oder Farbe. Um dies leisten zu können, müssen sie Ähnlichkeiten und Unterschiede der Bausteine erkennen. Diese Fähigkeit erleichtert es den Kindern, mathematische Konzepte zu verstehen. Sie bildet die Grundlage für die Addition im Mathematikunterricht (addiert werden kann nur, was eine Gemeinsamkeit hat).

Im Kindergartenalter gehen Kinder zwar bereits mit Mengen um, wissen aber noch nicht, dass sich eine Menge durch ihre räumliche Anordnung nicht ändert. Sieht ein Kindergartenkind acht Gummibärchen in einer Reihe auf einem Tisch, erscheint ihm das vielleicht viel. Die gleiche Anzahl Gummibärchen in ein kleines Papiertütchen gegeben, hinterlässt bei dem Kind den Eindruck von deutlich weniger Süßigkeiten. Das Erkennen der „Invarianz“ (das räumliche Verändern von Elementen hat keinen Einfluss auf die Anzahl der Elemente) ist wichtig, um Mengen umstrukturieren zu können.

Von Kindern wird mit Ende der Vorschulzeit verlangt, mit den Präpositionen „vor“, „hinter“, „oben“, „unten“ oder „zwischen“ umgehen zu können. Ebenso sollten sie in der Lage sein, geometrische Figuren (Viereck, Kreis) und Körper (Würfel, Kugel) zu unterscheiden. Kindern mit einem guten räumlichen Vorstellungsvermögen fällt es leichter, in Geometrie Formen in Ebenen und im Raum zu erkennen sowie ihre Position zeichnerisch und in der Vorstellung zu verändern. Schwierigkeiten im räumlichen Vorstellungsvermögen können zu Problemen beim Lesen und Schreiben von Zahlen führen. Rechenzeichen oder die Rechenrichtung könnten verwechselt werden.

Besucht ein Kind die Vorschule, wird in der Regel vorausgesetzt, dass es bis zehn zählen kann. Es muss sich also die Zahlbegriffe von eins bis zehn in der korrekten Reihenfolge merken können. Zudem sollte es wissen, dass beim Zählen immer nur einem Gegenstand ein Zahlbegriff zugeordnet werden darf. Viele Kinder können in diesem Alter bereits Zahlbilder, also Zahlen in geschriebener Form, erkennen. Vorschulkinder sollten in der Lage sein, die Augen von zwei Würfeln zusammenzuzählen sowie den Vorgänger und Nachfolger einer Zahl benennen zu können.

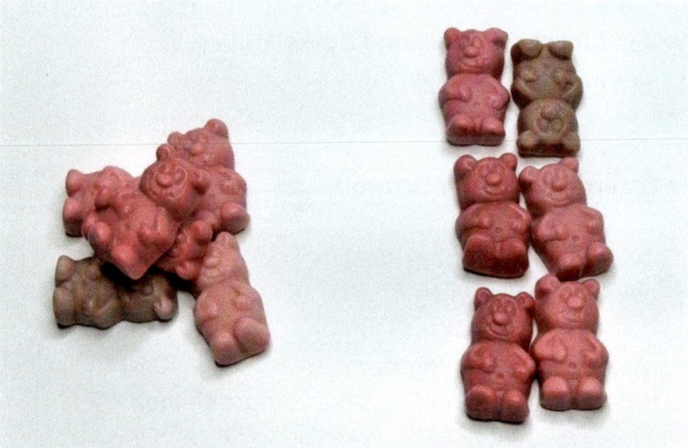

Links und Literatur:

- **Mathematisches Institut zur Behandlung der Rechenschwäche/Dyskalkulie**
  Brienner Str. 4880333 München
  Telefonsprechzeiten:
  Mo. bis Do. von 10.00 bis 14.30 Uhr,
  Fr. von 12.00 bis 15.30 Uhr

- www.rechenschwaeche.de
  Verfügt über eine Liste mit Therapie-Einrichtungen in ganz Deutschland

Verein für Lerntherapie und Dyskalkulie e. V.

- www.dyskalkulie.de

In Österreich und der Schweiz

- www.rechenschwaeche.at
- www.dyskalkulie.ch

- www.lernfoerderung.de
  Informationen und Tipps bei Lernproblemen

- www.legakids.net
  Spricht neben Eltern, Lehrkräften und Therapeuten auch speziell die Kinder an

- Hahnenberg / Diephaus: Das große Förderspielebuch Band 3, Verlag modernes lernen, Dortmund, 2012

Fallbeispiel:

Moritz wird auf Grund einer Entwicklungsverzögerung im sprachlichen und motorischen Bereich in einer Frühförderstelle betreut. Dort erhält er Logopädie und Ergotherapie sowie Heilpädagogik. Durch die intensive therapeutische Unterstützung erzielt Moritz kontinuierliche Fortschritte und fällt beispielsweise in der Grobmotorik gar nicht mehr auf. Wird Moritz gefragt, ob es im Kindergarten etwas gibt, was er gar nicht mag, dann antwortet er ohne zu zögern. „Die Zahlen!“ Moritz kann zwar problemlos bis 10 und darüber hinaus zählen, er kann sich aber die geschriebenen Zahlen nicht einprägen. Auf dem Würfel muss er stets abzählen, nur die Zahlen 1, 2 und 6 erkennt er zuverlässig. Die Teilnahme an Würfelspielen meidet Moritz, seit er von einem anderen Kind ausgelacht wurde. Den Erziehern fällt auf, dass Moritz nur zwei Gegenstände simultan, also ohne abzuzählen, erfassen kann. Sobald ihm drei Gegenstände gezeigt werden, muss er zählen, um sagen zu können, wie viele es sind.
Da die Therapeuten befürchten, dass Moritz immer stärkere Vermeidungsstrategien entwickeln wird, beschließen sie, die Vorläuferfähigkeiten nur noch auf spielerische Weise zu trainieren, so dass für Moritz eine motivierende Handlung im Vordergrund steht. Bildkarten mit dem Auftrag „Suche 5 Schafe“ werden daher in grobmotorischen Parcours versteckt. Die Heilpädagogin entwirft nach Moritz‘ Vorstellungen ein Würfelspiel, bei dem er selbst das Spielbrett gestaltet. Auf Grund der sprachlichen Entwicklungsverzögerung wurde Moritz von der Einschulung zurückgestellt. In dem Jahr bis Schulbeginn wird weiter intensiv daran gearbeitet werden, dass Moritz eine sichere Vorstellung von Mengen und Zahlen entwickelt.

2.3.5 Soziale Entwicklung

Am Ende der Lebensphase zwischen zwei und vier Jahren haben sich Kinder die wichtigsten Voraussetzungen angeeignet, um mit anderen Kindern sozial zu interagieren, das heißt zu spielen, streiten und sich zu versöhnen, sich durchzusetzen und auch nachzugeben.

Für Kinder ab vier Jahren steht das soziale Lernen im Vordergrund. In der Kindertagesstätte oder auf dem Spielplatz kann man beobachten, wie sich bei den Kindern der Wandel vom „nebeneinander her“ zum „miteinander“ Spielen vollzieht. Freundschaften, ebenso wie Streitereien, entstehen und vergehen wieder. Bündnisse werden geschlossen, die Kinder lernen Kompromisse einzugehen und sich andererseits auch durchzusetzen.

Besonders wichtig ist dabei die sprachliche Entwicklung, denn die Kinder lernen, sich, ihre Gefühle und ihren Willen mit Worten auszudrücken und diese Äußerungen bei anderen Kindern zu verstehen. Auch in dieser Lebensphase ist es sehr wichtig, vorzulesen und viel mit Kindern zu sprechen, vor allem auch über Gefühle. Forscher haben herausgefunden, dass Kinder, die Mimik, also Gesichtsausdrücke richtig einschätzen können, von ihren Klassenkameraden als sozialer eingeschätzt werden und es damit im Klassenverbund leichter haben. (siehe auch: Jäkel, Karin: Magazin des Bundesverbandes „Das frühgeborene Kind“ e.V. Ausgabe Nr. 4 – 2011, Bericht zum Symposium „Therapie“ am 5.11.2011, Seite 36 – 41).

2.3.6 *Visuelle und auditive Wahrnehmung*

„Wahrnehmung“ ist die allgemeine Bezeichnung für den komplizierten Vorgang der bewussten und unbewussten Sammlung von Informationen eines Lebewesens über seine Sinne, sowie deren Weiterleitung und Verarbeitung im Gehirn. **„Visuelle Wahrnehmung“** ist die Fähigkeit, gesehene Reize zu erkennen und sie durch Vergleichen mit früheren Erfahrungen zu interpretieren. Die Interpretation erfolgt dabei im Gehirn, nicht durch die Augen. Die visuelle Wahrnehmung ist von großer Bedeutung für das Erlernen von Lesen, (Recht-)Schreiben, Rechnen und allen anderen Fertigkeiten, die für den Schulerfolg notwendig sind.

Bereiche der visuellen Wahrnehmung:

Visuomotorische Koordination / Auge-Hand-Koordination
Es handelt sich dabei um die Fähigkeit, die Handbewegungen mit den über die Augen aufgenommenen Eindrücken abzustimmen. Sie spielt z. B. beim Malen, Einfädeln oder Ball werfen eine Rolle. Die Augen sind an einer Vielzahl von Handlungen lenkend beteiligt. Ohne sie würden die Bewegungen unkontrolliert ablaufen. Kindern mit einer schlechten Visuomotorischen Koordination fallen z. B. Nachspur-Aufgaben schwer. Oft malen sie unsauber aus und treffen beim Ausschneiden die Linie nicht.

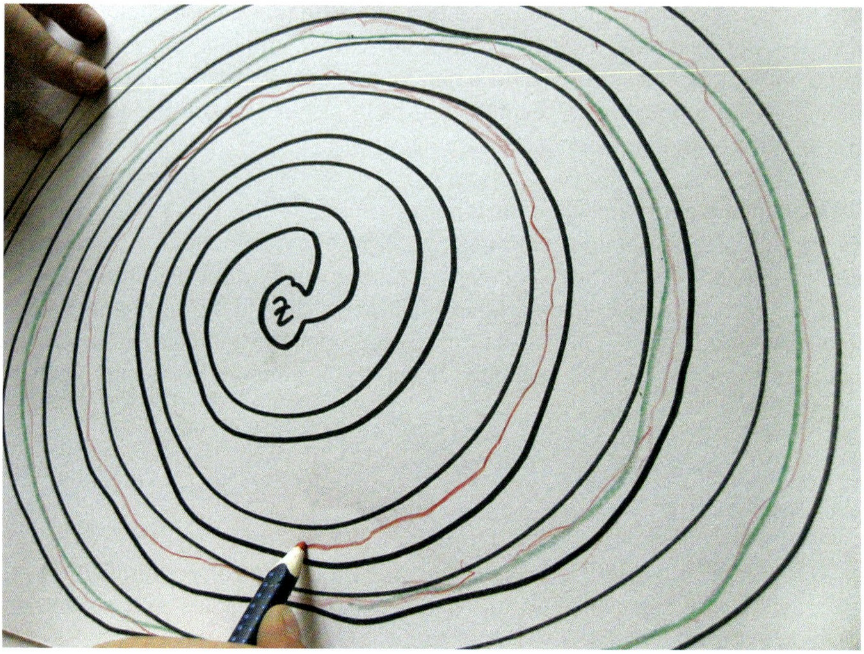

Figur-Grund-Wahrnehmung

Sie beschreibt die Fähigkeit, sich auf einen wichtigen Reiz zu konzentrieren und die unwichtigen in den Hintergrund rücken zu lassen. Dazu müssen die wichtigen Reize zunächst, auch vor einem diffusen Hintergrund, wahrgenommen werden können. Durch die Figur-Grund-Wahrnehmung sind wir in der Lage, bestimmte Wörter, Zahlen oder Buchstaben in einem Text zu finden. Kinder mit Schwächen in diesem Bereich lassen sich von visuellen Reizen leicht ablenken, da es ihnen schwer fällt, Wichtiges von Unwichtigem zu unterscheiden. Eine Figur auf einem Wimmelbild zu suchen, bereitet ihnen Schwierigkeiten. Wenn sie auf einem bunt gemusterten Teppichboden spielen, übersehen sie unter Umständen Spielfiguren.

Wahrnehmungskonstanz

Durch die Wahrnehmungskonstanz sind wir in der Lage einen Gegenstand immer als den gleichen Gegenstand zu erkennen, unabhängig von seiner Größe, seiner Farbe oder möglicher Drehungen. Geometrische Formen oder später Buchstaben können wir dadurch unabhängig von ihrer Darstellungsform erkennen. Kinder mit einer schlechten Wahrnehmungskonstanz erkennen also z. B. erlernte geometrische Formen nur dann, wenn sie in der erlernten Form angeboten werden. Ist das Quadrat plötzlich kleiner, steht es auf einer Spitze oder wurde es bunt angemalt, wird es nicht mehr als Quadrat erkannt. Liegen die Memo-Spielkarten verdreht, schneidet das Kind beim Spiel schlechter ab.

Wahrnehmung der Raum-Lage

Die Raum-Lage beschreibt die Beziehung eines Gegenstandes zum Wahrnehmenden. Der Gegenstand wird als rechts, links, über, unter, hinter, vor mir wahrgenommen. Kinder mit einer schwachen Raum-Lage Wahrnehmung setzen die Raumbegriffe (oben/unten, rechts/links) nicht sicher ein. Oft spiegeln sie die Buchstaben beim Schreiben ihres Namens.

Wahrnehmung der räumlichen Beziehungen

Es handelt sich hierbei um eine noch komplexere Wahrnehmung als die der Raum-Lage, da hier die Lage von Gegenständen zueinander und in Bezug zur eigenen Person betrachtet wird. Kinder mit Schwächen in diesem Bereich können Bauanleitungen bei Konstruktionsspielen oder Bastelanleitungen schwer umsetzen. Beim Malen fällt es ihnen schwer, die Gegenstände räumlich korrekt anzuordnen.

Links und Literatur:

- Günther / Jäger: Ich seh den Wald vor lauter Bäumen nicht, Fördermöglichkeiten für den Alltag visuell wahrnehmungsgestörter Kinder; Verlag modernes lernen, Dortmund 2005

Fallbeispiel:

Lena ist ein schüchternes, zurückhaltendes Kind. In der Kindergartengruppe ist sie zwar beliebt, steht aber nie im Mittelpunkt. Lena verhält sich weitgehend unauffällig, spielt gern mit jüngeren Kindern und verbringt viel Zeit in der Nähe der Erwachsenen. Dass Lena sich nie mit Konstruktionsspielen beschäftigt, begründet ihre Mutter damit, dass sie ein Mädchen ist. Der Erzieherin fällt jedoch irgendwann auf, dass sich Lena beim Malen nicht weiterentwickelt. Immer wieder malt sie ähnliche Bilder mit den gleichen Gegenständen. Sie sträubt sich aber, neue Ideen gestalterisch umzusetzen. In der Einzelsituation zeigt sich, dass Lena große Schwierigkeiten hat, unbekannte Gegenstände räumlich korrekt zu zeichnen. Die Linien scheinen nicht zueinander zu finden, die Größenverhältnisse stimmen nicht. Nachdem die Erzieherin Lena genauer beobachtet, stellt sie fest, dass sie beim Puzzle bauen nur über Versuch und Irrtum vorgeht und nicht erkennen kann, welche Teile in die Lücken passen. Einen Turm aus Bausteinen nach einem einfachen Plan zu bauen ist ihr nicht möglich. Auf Anraten der Erzieherin wendet sich Lenas Mutter an den Kinderarzt, der die visuelle Wahrnehmung überprüft und zu dem Schluss kommt, dass Lena in diesem Bereich keine altersentsprechenden Leistungen erzielt. Lenas Mutter und die Erzieherin werden Lena nun gezielte Spiele und Arbeitsblätter anbieten.

Auditive Wahrnehmung
Auditive Wahrnehmung beschreibt den Vorgang des Hörens und in welcher Form Schall von Lebewesen wahrgenommen wird. Die Interpretation erfolgt dabei im Gehirn, nicht durch die Ohren. In der Medizin wird mit „auditiv" alles beschrieben, was das menschliche Gehör betrifft. Die auditive Wahrnehmung ist ebenso wie die visuelle Wahrnehmung von großer Bedeutung für das Erlernen von Lesen, (Recht-) Schreiben, Rechnen und allen anderen Fertigkeiten, die für den Schulerfolg notwendig sind.

Bereiche der auditiven Wahrnehmung:

Auditive Merkfähigkeit
Es handelt sich hierbei um die Fähigkeit, sich gehörte Informationen einzuprägen und sie für einen gewissen Zeitraum abzuspeichern. Kinder mit einem schlechten auditiven Gedächtnis haben große Probleme, sich Arbeitsaufträge zu merken. Auch können sie den Inhalt vorgelesener Texte nur schwer wiedergeben.

Richtungshören
Das Richtungshören beschreibt die Fähigkeit, eine Schallquelle ohne visuelle Kontrolle zu orten. Allein das Geräusch gibt dem Hörenden dabei eine Information darüber, wo sich die Schallquelle befindet. Kinder mit einer Schwäche in diesem Bereich sind im Straßenverkehr und bei wilden Gruppenspielen stärker unfallgefährdet, da sie nicht hören, ob sich eine Gefahrenquelle nähert.

Auditive Differenzierung
Sie beschreibt die Fähigkeit, Geräusche und ähnlich klingende Laute, Silben oder Wörter voneinander zu unterscheiden. Kinder mit Schwierigkeiten in diesem Bereich können das nicht. Sie vertauschen ähnlich klingende Worte (Kasse/Gasse, Berg/Burg) und verstehen ihren Gesprächspartner dadurch falsch. Eine schwache auditive Differenzierung führt im Grundschulalter oft zu Lese-Rechtschreib-Schwächen.

Auditive Figur-Grund-Wahrnehmung
Darunter versteht man das Erkennen eines bestimmten Geräuschs aus einer Vielzahl von akustischen Reizen. Sie ermöglicht es uns, auf ein auditives Signal zu reagieren, ohne uns von gleichzeitig auftretenden Geräuschen ablenken zu lassen. Man spricht dabei vom „Nutzschall" und „Störschall". Im Kindergartenalltag ist die Stimme der Erzieherin „Nutzschall", während die Geräusche im Gruppenraum und in der Umgebung als „Störschall" eingeordnet werden. Kinder mit einer gestörten Figur-Grund-Wahrnehmung sind auditiv stark ablenkbar und reagieren oft nicht auf Ansprache. In ruhigen Kleingruppen zeigen sie deutlich bessere Leistungen als im großen Gruppenverbund.

2.4 Tipps von Eltern für Eltern

- „Lassen Sie sich nicht von Kindergarten und Schule unter Druck setzen."
- „Akzeptiert die Kinder, wie sie sind, auch wenn sie nicht in das geforderte Schema passen."
- "Vermittelt Euren Kindern viel Liebe und Geborgenheit, stärkt ihr Selbstbewusstsein, damit sie ihre Kindheit unbeschwert genießen können und wissen: ich bin etwas anders, aber trotzdem mag mich jeder!"
- „Habt ganz viel Geduld mit den Kindern!"
- „Findet je nach Handicap die richtige Einrichtung für die Kinder."
- „Zeigt den Kindern, dass Ihr immer da seid, wenn Ihr gebraucht werdet."
- „Informiert die Erzieher über den bisherigen Verlauf und die Entwicklung. Wählt einen geeigneten Kindergarten mit guten therapeutischen Möglichkeiten."
- „Freut Euch über kleine Fortschritte und erwartet nicht zu viel."
- „Unterstützt und stärkt die Kinder."
- „Wählt kleine Gruppen mit wenig Lärm und geordneten Abläufen. Keine offenen Konzepte!"
- „Wenn es geht, integriert die Kinder in den normalen Alltag. Interpretiert nicht zu viel hinein, nur weil die Kinder es am Anfang nicht leicht hatten. Trotzdem kann die Entwicklung der Kinder ganz normal verlaufen. Manchmal muss man auch etwas einfach auf sich zukommen lassen."

3. Die Grundschulzeit

3.1 Entwicklungsschritte im Alter zwischen 6 und 10 Jahren

„Die Grundschule umfasst die Jahrgangsstufen 1 bis 4 und ist die gemeinsame Schule für die Sechs- bis Zehnjährigen. Hier werden nicht nur die Grundfertigkeiten im Lesen, Rechnen und Schreiben vermittelt. Neben dem Wissenserwerb geht es auch darum, Interessen zu entwickeln, soziale Verhaltensweisen sowie musische und praktische Fähigkeiten zu fördern und Werthaltungen aufzubauen. Die Kinder sollen Kenntnisse, Fähigkeiten und Haltungen erwerben, um sich die Welt zu erschließen, sich in ihr zurechtzufinden und sie auch mitzugestalten. Der Lehrplan für die bayerische Grundschule spricht in diesem Zusammenhang von „Grundlegender Bildung"." (Information des Bayrischen Kultusministeriums, 2011; ähnliche Informationen gibt es bei den anderen Kultusministerien)

Das logische Denken (der Begriff Logik kommt aus dem griechischen und bedeutet „folgerichtig gedacht") entwickelt sich bereits ab dem zweiten Lebensjahr. Zunächst lernt das Kind kausal-logische Zusammenhänge nachzuvollziehen (der Schwamm liegt im Wasser – der Schwamm ist nass), dann etwas durch Zeichen und Symbole auszudrücken (den Zeigefinger heben, als Zeichen für „aufgepasst!"). Ab ca. acht Jahren sind Kinder in der Lage, komplexer und systematischer zu denken. Sie müssen nun nicht mehr sehen, dass ein im Wasser liegender Schwamm nass ist, sie können es sich vorstellen. Diese Vorstellung gelingt aber nur im konkret-bildhaften Zusammenhang. Im Alter von zehn bis zwölf Jahren gelingt den Kindern der Übergang vom konkreten zum abstrakten

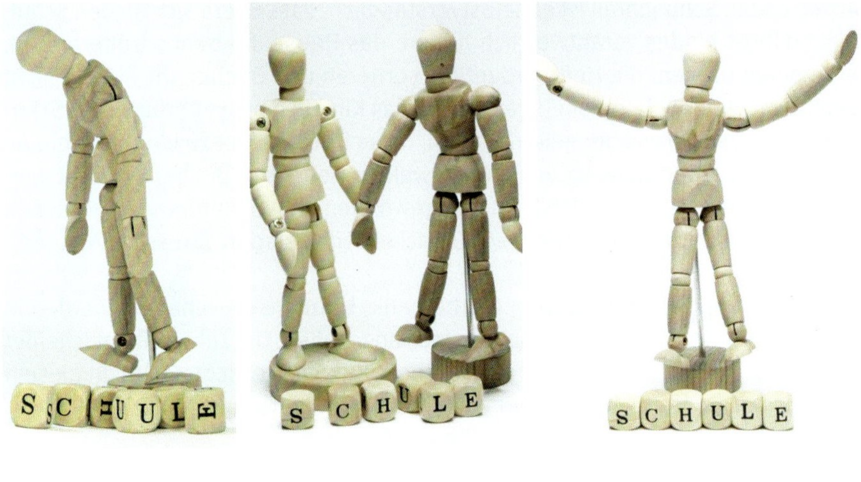

Denken. Beim Rechnen können sie jetzt mit Zahlen umgehen, die sie sich nicht eins-zu-eins bildhaft vorstellen können (im Zahlenraum bis eine Million), es kommen Variablen und Formeln zum Einsatz.

3.2 Was sollte ein Kind zum Ende der Grundschulzeit können?

1. Organisation: Eigenständiges Arbeiten

Im Laufe der Grundschulzeit sollte jedes Kind lernen, seine Aufgaben selbständig in Angriff zu nehmen und eigenständig auszuführen. Dazu zählen natürlich in erster Linie die Hausaufgaben. Eigenständig zu arbeiten, bedeutet dabei nicht zwingend, dass das Kind von allein beginnt und in seinem Zimmer arbeitet. Es ist vollkommen in Ordnung, wenn es seine Aufgaben zum Beispiel am Esstisch und damit in der Nähe eines Elternteils erledigt. Die Eltern sollten jedoch nur bei gezielten Fragestellungen zu Rate gezogen werden. Zum eigenständigen Arbeiten gehört, dass das Kind selbst daran denkt, alle Aufgaben zu erledigen und allein entscheidet, mit welcher es beginnt.

Für Fragen sollten die Eltern stets zur Verfügung stehen. Wichtig ist aber, dass das Kind frei entscheiden kann, ob und wann es Hilfe benötigt. Eltern sollten im Zweifel mit der Lehrkraft besprechen, ob sie die Hausaufgaben auf Fehler und Vollständigkeit überprüfen sollen.

2. Organisation: Schulranzen packen

In den ersten Schuljahren ist es selbstverständlich, dass Eltern sich für den Schulranzen ihres Kindes verantwortlich fühlen: das Hausaufgabenheft überprüfen, Brotzeit einpacken, die Hefte ordentlich sortieren und Bücher, die aktuell nicht gebraucht werden, herausnehmen. Bevor das Kind in eine weiterführende Schule wechselt, sollte es aber gelernt haben, diese Dinge selbst zu übernehmen. An Hand des Stundenplans ist ersichtlich, welche Hefte und Bücher benötigt werden. Sinnvoll ist es, dass sich Kinder angewöhnen, den Schulranzen stets schon am Vortag nach den Hausaufgaben zu packen – das erspart Stress am Morgen.

Tipp: Die Hauptfächer (Deutsch, Mathematik, Naturwissenschaften) werden in vielen Grundschulen als Kombinationsfach angesehen. Die Lehrkraft entscheidet dann, je nach Zeitaufwand, was schwerpunktmäßig unterrichtet wird. In diesem Fall müssen die Hefte aller Hauptfächer stets im Schulranzen sein!

3. Organisation: Ordnung am Arbeitsplatz

„Wer Ordnung hält ist nur zu faul zum Suchen“ sagt der Volksmund. Mit dieser Lebensweisheit würden sicherlich viele Kinder ihr Arbeitsverhalten erklären. Fakt ist jedoch, dass ein unordentlicher Arbeitsplatz viele Ablenkungsmöglichkeiten bietet. Zudem kostet es Zeit, immer wieder nach etwas suchen zu müssen. Auch das Schriftbild kann schnell darunter leiden, wenn das Kind zu wenig Platz für eine korrekte Schreibposition hat. Ordnung am Arbeitsplatz bedeutet, dass sich dort nur das befindet, was zum Arbeiten benötigt wird. Hilfreich sind z. B. Stapelboxen für jedes Fach, damit das Kind seine Hefte sortieren kann. Auch Rollcontainer mit Schubladen oder Zeitschriftenständer bieten die Möglichkeit, verschiedenen Unterlagen einen festen Platz zuzuweisen.

Eltern sollten ihrem Kind in diesem Bereich ein Vorbild sein! Wenn ein Kind täglich erlebt, dass seine Eltern benötigte Unterlagen nach Gebrauch an einen festen Platz räumen oder wenn es im familiären Alltag selbstverständlich ist, nach einer Beschäftigung gemeinsam aufzuräumen, dann verinnerlicht es diese Abläufe leichter für sein eigenes Arbeitsverhalten.

4. Deutsch: Die Schriftsprache erwerben

Lesen und Schreiben gehören zu den grundlegenden Kulturtechniken, die im Grundschulalter erlernt werden. Am Ende der Grundschulzeit sollten Schüler in der Lage sein, altersentsprechende Texte sinnerfassend zu lesen. Das heißt auch, sie sollten fähig sein, mit Literatur umzugehen. Oftmals wird dazu schon in den Grundschulklassen eine Klassenlektüre ausgewählt. Zudem unterstützt der Besuch von Bibliotheken die Fähigkeit, mit Literatur umzugehen. Neben dem Lesen erlernen Grundschüler das Schreiben und sollten vor dem Wechsel in eine weiterführende Schule die grundlegenden Rechtschreibregeln beherrschen. Am Ende der Grundschulzeit sollte ein Kind deshalb in der Lage sein, seine Gedanken in schriftlicher Form verständlich festzuhalten, also Texte selbständig zu verfassen.

5. Deutsch: Eine eigene Handschrift entwickeln

In der ersten Klasse lernen Kinder die Druckschrift, in der zweiten Klasse in der Regel die Schreibschrift. Kaum ein Erwachsener jedoch schreibt exakt so, wie er es als Schüler gelernt hat. Das ist nicht nur normal, sondern auch wichtig. Die in der Schule erlernten Schriftzeichen sind wichtig, denn nur wer die Form der Buchstaben darstellen kann, kann schreiben. Es ist aber normal, dass jeder Schüler mit der Zeit charakteristische Elemente in seine Handschrift einbringt. Oft geschieht dies, um die Produktion der Schrift effektiver zu machen. Eine individuelle Handschrift zu bekommen, ist aber auch Teil der Persönlichkeitsentwicklung, daher sollte am Ende der Grundschulzeit das Schriftbild nicht mehr exakt der erlernten Schrift gleichen. Wichtiger ist, dass jeder Schüler eine Schriftart entwickelt hat, mit der er schnell, ausdauernd und leserlich schreiben kann!

6. Deutsch: Sprechen und Gespräche führen

Schon in der Grundschule wird inzwischen von den Schülern verlangt, kurze Referate zu halten. Die Kinder dürfen dabei Themen wählen, für die sie sich interessieren. Viel wichtiger als der fachliche Inhalt sind dabei die Strukturierung des Themas und der Vortrag selbst. So lernen die Kinder vor einer Gruppe zu sprechen, auf Fragen zu reagieren, Inhalte präzise zu formulieren und sich verständlich auszudrücken. Was in der Schule bewertet wird, sollte auch zu Hause praktiziert werden. Gespräche im familiären Alltag sind wichtig. Sie bieten den Kindern ein Übungsfeld, in dem sie sich ungezwungen ausprobieren und die Vorbildfunktion der Eltern nutzen können.

7. Mathematik: Geometrie

Am Ende der Grundschulzeit sollten Kinder folgende Bereiche der Geometrie beherrschen:

- Formen (Kreis, Rechteck, Quadrat, Sechseck ...),
- Körper (Würfel, Quader, Kugel, Pyramide, Zylinder),
- Körpernetze (Würfelnetze)
- Spiegelachsen und Gesetzmäßigkeit der Symmetrie
- Lösen geometrischer Aufgaben (Formen konstruieren, Längen messen, Strecken halbieren)

8. Mathematik: Zahlen und rechnen

Bis zum Übertritt in eine weiterführende Schule lernen Kinder:

- Grundrechenarten Addition (Zusammenzählen), Subtraktion (Abziehen), Multiplikation (Vervielfachen), Division (Teilen) sowie Division mit Rest
- Zahlen bis 1.000.000
- Maßeinheiten (Stunden, Sekunde, Liter, Milliliter, Kilometer, Meter, Zentimeter, Geldwerte und andere)

9. Mathematik: Textaufgaben lösen

Textaufgaben stellen für Schüler immer wieder eine Herausforderung dar. Nicht selten wird deren Bearbeitung zur Qual für Eltern und Kind. Doch die in Textaufgaben gestellten Probleme orientieren sich an realistischen Situationen. Dadurch wird das Kind auf alltägliche Situationen vorbereitet (z. B. beim Bezahlen an der Supermarktkasse). Textaufgaben festigen zudem das mathematische Wissen der Schüler, da oft verschiedene Rechenarten und/oder Maßeinheiten kombiniert werden. Darüber hinaus regen Sachaufgaben das komplexe und kreative Denken der Schüler an. Beim Lösen einer Textaufgabe muss das Kind die Informationen eines Textes erfassen, ordnen und im Anschluss eine Lösung für das gestellte Problem finden.

11. Grundwissen: In der Schule für den Alltag lernen

Der Fächerkomplex „Heimat- und Sachunterricht“ vermittelt den Schülern eine Vielzahl von alltagsrelevanten Inhalten. Am Ende der Grundschulzeit sollte jeder Schüler in seiner Persönlichkeitsentwicklung begleitet worden sein, damit er den Wechsel auf eine weiterführende Schule bewältigen kann. Dazu zählt das Wissen über Faktoren, die das körperliche, geistige, seelische und soziale Wohlbefinden beeinflussen, ebenso wie die Familien- und Sexualerziehung, die in Kooperation mit dem Elternhaus den seelischen und körperlichen Reifungsprozess der Kinder begleitet, damit sie ihre geschlechtliche Identität finden können. Darüber hinaus sollen Grundschüler verantwortungsbewusst mit Umwelt und Natur umgehen können. Im Rahmen der Verkehrserziehung haben Kinder in der Grundschule gelernt, sich zunehmend selbständig und sicher auf dem Schulweg und in ihrer Freizeit zu bewegen. Zudem sollten Grundschüler in der Lage sein, die Uhr zu lesen, sich in ihrer Umgebung (Wohnort, Stadtteil) zurechtzufinden, und mit der Fülle der heute zugänglichen Informationsquellen (Radio, Fernsehen, Internet, aber auch Büchern und Zeitungen) umzugehen.

12. Grundwissen: Das Lernen lernen

Am Ende der Grundschulzeit sollten Kinder eine zentrale Fähigkeit erworben haben: die Fähigkeit zu lernen. Immer wieder wurde in den vergangenen Jahren der Vorwurf laut, dass den Schülern von Seiten der Schule nicht vermittelt wird, wie man sich Wissen aneignet. In einigen Schulen werden jedoch inzwischen Kurse zum Thema „Lernen lernen“ angeboten. Kinder müssen in der Schule nicht nur Texte (Gedichte) auswendig lernen. Früh schon beginnt heute das Lernen von Vokabeln, das Erinnern von Namen, Daten und Ereignissen. Immer wichtiger wird für die Schüler jedoch, Einträge nicht einfach auswendig zu lernen, sondern sich den Lernstoff vielmehr aufzubereiten und zu organisieren. Eltern sollten ihrem Kind verschiedene Lernmethoden anbieten, um sie zu erproben. Mit dem Ende der Grundschule sollten Kinder jedoch das Lernen immer selbständiger übernehmen und daher ein sicheres Gespür dafür entwickelt haben, wie sie sich Wissen aneignen können.

Links und Literatur:

- Aust-Claus, Hammer: „Auch das Lernen kann man lernen“ O&P Verlag, Ratingen, 1997

3.3 Welche Probleme können auftreten?

3.3.1 Motorische Schwierigkeiten

Bei einer Entwicklungsverzögerung handelt sich um eine deutliche Verlangsamung in der Entwicklung von Funktionen, die eng mit der biologischen Reifung des Zentralnervensystems verknüpft sind. Die Beeinträchtigungen nehmen oft mit zunehmendem Alter ab, wenngleich geringere Defizite auch im Erwachsenenleben noch zurück bleiben können.
Jedes Kind hat in jedem Entwicklungsbereich ein eigenes Tempo, und innerhalb gewisser Grenzen sind Unterschiede im Entwicklungsstand zwischen Kindern gleichen Alters völlig normal. Es gibt jedoch Grenzwerte, die definieren, wann ein Kind welchen Entwicklungsschritt spätestens gemacht haben sollte. Nicht, wenn ein Kind sich langsamer entwickelt als gleichaltrige Kinder, gilt es als entwicklungsverzögert. Erst, wenn es einen bestimmten Entwicklungsabschnitt zum spätmöglichsten Zeitpunkt noch nicht erreicht hat, spricht man offiziell von einer Entwicklungsverzögerung.
Die graphomotorische Entwicklung verläuft ebenfalls in aufbauenden Schritten. Ab spätestens drei Jahren sind Kinder in der Lage, Malbewegungen auszuführen. Die Formen sind dabei erst eckig, dann rund. Später beginnt die Umsetzung von Schriftelementen. Mit ca. fünf Jahren sind dem Kind bewusste Richtungsänderungen im Bewegungsablauf möglich, mit sechs bis sieben Jahren das Malen innerhalb von Begrenzungen.

Sind Kinder in der graphomotorischen Entwicklung verzögert, fallen sie im Schulalter meist durch eine unsaubere, unleserliche, eckige Schrift auf. Oft wurde im Kindergarten das Malen verweigert und auch in der Schule ist das Schreiben nur lästige Pflicht. Den Kindern fällt es häufig schwer, den Stiftdruck zu dosieren, was das Schreiben sehr anstrengend und zum Teil schmerzhaft macht. Trotz großer Anstrengung werden die Zeilen oft nicht gehalten, die Buchstaben kippen oder werden verdreht geschrieben.

Fallbeispiel:

Raphaels Mutter wendet sich verzweifelt an die Ergotherapeutin. Ihr Sohn ist in der zweiten Klasse und hat seitdem er die Schule besucht, Schwierigkeiten mit dem Schreiben. Seine Stifthaltung wirkt verspannt, bei längeren Texten muss Raphael immer wieder die Hand ausschütteln, da ihm die Finger wehtun. Obwohl sich Raphael wirklich bemüht, ist seine Schrift unsauber, seine Buchstaben nicht einheitlich, fallen mal nach rechts, mal nach links und treffen oft die Zeilen nicht. Wenn Leistungsnachweise anstehen, leiht sich Raphael die Hefte einer Schulfreundin, da er seine Einträge oft selbst nicht lesen kann. In den Leistungsnachweisen hängt es dann häufig von der Gutmütigkeit der Lehrerin ab, ob unleserliche Worte als korrekte Antwort gewertet werden.
Die Ergotherapeutin stellt fest, dass Raphael seine Finger nicht in einem flüssigen Bewegungsablauf koordiniert zusammenarbeiten lassen kann. Außerdem muss er sich immer noch stark auf die Bewegung der Finger konzentrieren. Dies verlangsamt sein Schreibtempo und provoziert Rechtschreibfehler, da es ihm nicht möglich ist, beim Schreiben gleichzeitig an den Satzinhalt oder Rechtschreibregeln zu denken. Als erste Maßnahme wird Raphael erklärt, wie er sein Heft günstiger ausrichten kann und auf was er bei seiner Sitzhaltung achten soll. Zudem bekommt er eine Patrone für seinen Füller, die dem Schreibgerät mehr Gewicht verleiht.
Für insgesamt 30 Einheiten kommt Raphael zur Ergotherapie. Dort wird einmal pro Woche ein Training der Feinmotorik durchgeführt. Darüber hinaus bekommt Raphael von der Ergotherapeutin jedes Mal eine Hausaufgabe, die er an allen anderen Wochentagen macht. Da sie ihm erklärt hat, dass es sich mit seinen Fingern ähnlich verhält wie mit Fußballspielern, die ohne Training nicht bei den großen Vereinen spielen können, braucht ihn seine Mutter nicht einmal an die Übungen erinnern. Nach den 30 Einheiten vergleichen Raphael, seine Mutter und die Ergotherapeutin sein aktuelles Schriftbild mit einer Schriftprobe vom Therapiebeginn. Aber Raphael weiß längst, dass sich seine Schrift deutlich verbessert hat! Seine Hand tut ihm nämlich nicht mehr weh und kürzlich hat die Lehrerin unter einem Eintrag vermerkt: „Du schreibst wunderschön, Raphael! Weiter so!"

3.3.2 AD(H)S

AD(H)S beschreibt eine verminderte Fähigkeit zur Selbststeuerung, die bei knapp 5 % aller Kinder und Jugendlichen auftritt, aber auch Erwachsene betrifft. Fachleute gehen davon aus, dass bereits ab dem 18. Jahrhundert AD(H)S in der Literatur beschrieben wurde; berühmtestes Beispiel ist „Der Zappelphillip“ aus dem Buch „Struwwelpeter“ von Heinrich Hoffmann, das 1845 zum ersten Mal veröffentlicht wurde.

Hyperaktivität, Aufmerksamkeitsschwäche und Impulsivität treten bei allen Betroffenen in unterschiedlicher, individueller Ausprägung auf, allen gemein ist jedoch, dass sowohl in der Schule als auch zu Hause Probleme auftreten. Die Intelligenz der betroffenen Kinder entspricht der Intelligenz von Kindern ohne Aufmerksamkeitsschwächen, allerdings haben AD(H)S Kinder es wesentlich schwerer, ihre Leistungen in vollem Umfang abzurufen.

AD(H)S hat hauptsächlich genetische Ursachen, aber auch Frühgeburtlichkeit, Alkohol oder Drogen in der Schwangerschaft und cerebrale Schäden werden als Risikofaktoren anerkannt. Frühgeborene haben im Vergleich zu reifgeborenen Kindern ein 30 bis 50 % erhöhtes Risiko, unter AD(H)S zu leiden.

Durch äußere Faktoren, wie ungünstiges Erziehungsverhalten der Eltern, hektische Umwelt und geringe Bewegungsmöglichkeiten, kann sich das Krankheitsbild verstärken.

Die Diagnose AD(H)S sollte nur durch einen erfahrenen Kinderarzt oder Psychotherapeut gestellt werden. Sie erfolgt nach ICD10, dem weltweit angewandten Internationalen Klassifikationsschema der Weltgesundheitsorganisation und nach DMS IV, den Diagnostischen und Statistischen Manual Psychischer Störungen der American Psychiatric Association, nachzulesen z. B. unter www.bundesaerztekammer.de –> Richtlinien, Leitlinien, Empfehlungen –> Empfehlungen/Stellungnahmen –> ADHS.

Eine Auswahl an Symptomen aus ICD10 und DSMIV, bei denen man AD(H)S vermuten kann, wenn mehrere davon seit mindestens 6 Monaten und seit dem Vorschulalter zutreffen, deutlich ausgeprägt sind, in mehreren Bereichen (z. B. zu Hause und in der Schule) auftreten und von der altersgemäßen Entwicklung abweichen:

- Beachtet oft Einzelheiten nicht, macht Flüchtigkeits-/ Sorgfaltsfehler
- Hat Schwierigkeiten die Aufmerksamkeit aufrechtzuerhalten
- Scheint nicht zuzuhören
- Kann Anweisungen nicht vollständig durchführen
- Hat Schwierigkeiten sich zu organisieren
- Vermeidet Aufgaben, die längere geistige Anstrengung erfordern, oder macht sie nur widerwillig, z. B. Hausaufgaben
- Verliert häufig Gegenstände, die er/sie für Aufgaben oder Aktivitäten benötigt
- Lässt sich leicht ablenken
- Ist im Alltag vergesslich
- Zappelt oder fuchtelt herum
- Verlässt den Platz oder steht auf, obwohl ruhiges Sitzen erwartet wird
- Spielt laut und exzessiv, kann sich nicht gut leise und alleine beschäftigen
- Bewegt sich andauernd, handelt „wie angetrieben", auch entgegen anderer Aufforderungen aus der Umwelt
- Antwortet, bevor die Frage zu Ende gestellt ist
- Kann nur schwer abwarten, bis er/sie an der Reihe ist
- Unterbricht und stört andere
- Redet übermäßig viel

Sollten Sie bei Ihrem Kind AD(H)S vermuten, sprechen Sie zunächst mit Ihrem Kinderarzt.

Links und Literatur:

- **Bundeszentrale für gesundheitliche Aufklärung (BZgA)**
  Postfach 910152, 51071 Köln
  Tel: 02 21 / 89 920
  Email: poststelle@bzga.de
  Internet: www.bzga.de

- **Arbeitsgemeinschaft ADHS der Kinder- und Jugendärzte e.V.**
  Gleiwitzer Strasse 15
  91301 Forchheim
  Tel: 09191 / 97 03 69
  Email: ag-adhs@t-online.de
  Internet: www.ag-adhs.de

- **Zentrales ADHS-Netz**
  www.adhs.info
  ADHS Deutschland e.V.
  Selbsthilfe für Menschen mit ADHS
  Postfach 410724
  Tel: 030 / 85 60 59 02
  info@adhs-deutschland.de
  www.adhs-deutschland.de

- **AdS.e.V.**
  Elterninitiative zur Förderung von Kindern, Jugendlichen und Erwachsenen mit AufmerksamkeitsDefizitSyndrom (ADS) mit / ohne Hyperaktivität
  www.ads-ev.de

- **Berufsverband für Kinder- und Jugendpsychiatrie, Psychosomatik und Psychotherapie**
  Hohensollerndamm 124, 14199 Berlin
  Tel: 030 / 89 73 79 740
  Email: mail@bkjpp.de
  Internet: www.bkjpp.de
  Bundeszentrale für gesundheitliche Aufklärung (BZgA): Chronische Erkrankungen im Kindesalter, Bestell-Nr. 20401000 (kostenlos zu bestellen online unter www.bzga.de)
  Bundeszentrale für gesundheitliche Aufklärung (BZgA): adhs ... was bedeutet das?; Bestell-Nr. 11090100 (kostenlos zu bestellen unter www.bzga.de)
  Jäkel, Karin: Magazin des Bundesverbandes „Das frühgeborene Kind“ e.V. Ausgabe Nr. 4 – 2011, Bericht zum Symposium „Therapie“ am 5.11.2011, Seite 36 – 41
  Döpfner, Schürmann, Lehmkuhl: Wackelpeter und Trotzkopf, Beltz Verlag, Weinheim, Basel, 4. Auflage 2011

Fallbeispiel:

Benny ist ein Träumer. Er kann sich stundenlang ruhig in seinem Zimmer beschäftigen. Oft reagiert er erst beim dritten oder vierten Mal, wenn er angesprochen wird. Seine Mahlzeiten beendet er allein, denn wenn seine Eltern fertig sind, hat er oft noch nicht mal richtig angefangen zu essen. Die Hausaufgaben sind in Bennys Familie ein ständiges Streitthema. Benny braucht mindestens doppelt so lang wie seine Mitschüler. Seine Mutter muss dabei die ganze Zeit in der Nähe sein. Verlässt sie den Raum, kann sie sicher sein, dass Benny einer anderen Beschäftigung nachgeht oder einfach aus dem Fenster starrt. Da Benny soviel Zeit für die Hausaufgaben braucht, hat er oft keine Zeit mehr, mit Freunden zu spielen, und so enden die Hausaufgaben oft in Streit.

In der Schule ist Benny meist der Langsamste. Wenn Einträge abgeschrieben werden müssen, hat sich die Lehrerin angewöhnt, ihm die Vorlage zu kopieren, damit er sie zu Hause fertig abschreiben kann. Für Benny bedeutet das, regelmäßig eine Hausaufgabe mehr als seine Klassenkammeraden machen zu müssen. Wenn die Klasse den Raum wechselt, nimmt die Lehrerin Benny an die Hand, beim Aufräumen der Kleidungsstücke nach der Pause im Hof hilft sie ihm. Zum Teil holt sie sogar schon die benötigten Übungshefte aus Bennys Schulranzen, da sie weiß, dass sie ihn sonst mehrfach dazu auffordern müsste. Benny sitzt allein in der ersten Reihe. Da er seinen Arbeitsplatz nicht organisieren kann, braucht er den ganzen Tisch. Keinen Banknachbarn zu haben, bedeutet für Benny aber auch, dass er niemanden hat, den er fragen kann, wenn er nicht mitbekommen hat welchen Arbeitsauftrag die Lehrerin gegeben hat.

Bennys Lehrerin geht so gut sie kann, auf Benny ein, da sie weiß, dass er klug ist, seine Leistungen aber einfach nicht zeigen kann. Für sie ist es inzwischen selbstverständlich, Benny den Tag über unter die Arme zu greifen. Mit Bauchweh denkt sie aber an den bevorstehenden Übertritt ...

3.3.3 Lesen/Schreiben

Lesen und Schreiben gehört zu den wichtigsten Kulturtechniken, die die Grundlage bilden, nicht nur für die schulische und berufliche Entwicklung unserer Kinder. 4 bis 7 % der Bevölkerung aus allen Kulturkreisen haben Lese/Rechtschreibschwierigkeiten (Jäkel, Karin: Magazin des Bundesverbandes „Das frühgeborene Kind“ e.V. Ausgabe Nr. 4 – 2011, Bericht zum Symposium „Therapie“ am 5.11.2011, Seite 36 – 41). Wenn Kindern das Lesen und das orthographisch richtige Schreiben schwer fallen, werden eine Menge Begrifflichkeiten angeführt, die dies erklären oder benennen sollen. Um ein wenig Übersicht zu bieten, hier zunächst die wichtigsten Definitionen:

Legasthenie

Legasthenie bezeichnet eine umschriebene Störung im Erlernen der Schriftsprache, die nicht durch eine allgemeine Beeinträchtigung der geistigen Entwicklungs-, Milieu- oder Unterrichtsbedingungen erklärt werden kann. Vielmehr ist die Legasthenie das Ergebnis von Teilleistungsschwächen der Wahrnehmung, Motorik und/oder der sensorischen Integration, bei denen es sich um anlagebedingte und/oder durch äußere schädigende Einwirkungen entstandene Ent-

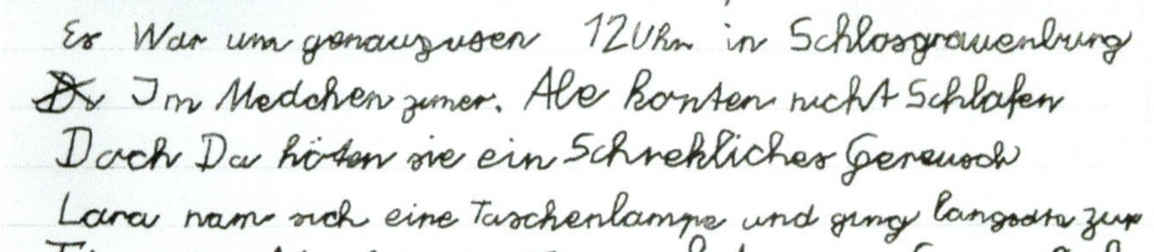

wicklungsstörungen von Teilfunktionen des zentralen Nervensystems handelt. (Definition der Weltgesundheitsorganisation WHO)

Lese-Rechtschreib-Störung
Die Lese-Rechtschreibstörung zählt zu den umschriebenen Entwicklungsstörungen schulischer Fertigkeiten (F81). „Der Begriff der umschriebenen Entwicklungsstörungen schulischer Fertigkeiten umfasst die spezifischen und deutlichen Beeinträchtigungen des Erlernens des Lesens, Rechtschreibens und Rechnens. Ihnen gemeinsam ist die *ätiologische* Annahme, dass diese Störungen wesentlich in einer zentralnervösen, kognitiven Störung der Informationsverarbeitung begründet sind.
(Definition laut Leitlinien zur Diagnostik und Therapie von psychischen Störungen im Säuglings-, Kindes- und Jugendalter)

Lese-Rechtschreib-Schwäche
Lässt sich eine Lese-Rechtschreibschwierigkeit durch mangelhafte Beschulung, durch eine psychische oder neurologische Erkrankung oder durch eine Sinnesbehinderung (z. B. Schwerhörigkeit oder Sehbehinderung) erklären, liegt eine oft vorübergehende Lese-Rechtschreibschwäche vor.
(Definition laut Bundesverband Legasthenie und Dyskalkulie e. V.)

Die Diagnose einer Lese-Rechtschreibstörung wird durch Ärzte für Kinder- und Jugendpsychiatrie oder Diplom-Psychologen gestellt. Wichtig sind dabei der Informationsaustausch und eine enge Kooperation mit Schule und Eltern. Lese- und Rechtschreibtests werden teilweise auch in den Schulen durchgeführt, größtenteils aber in speziellen Beratungsstellen oder den schulpsychologischen Diensten.

Obwohl die Kultusministerkonferenz bereits 2007 einen Beschluss zu den „Grundsätzen zur Förderung von Schülern mit besonderen Schwierigkeiten beim Erlernen des Lesens und Rechtschreibens“ gefasst hat, gibt es leider keine einheitlichen Regelungen zur Förderung und zum Nachteilsausgleich. Grundsätzlich ist aber vorgesehen, dass lese-rechtschreib-auffällige Kinder in der Lese-/ Rechtschreibleistung nicht benotet werden, bei Prüfungen eine Zeitzugabe bekommen oder mündlich geprüft werden oder der Einsatz von Hilfsmitteln (z. B. Computer) gewährleistet wird. Welche Erlasse in Ihrem Bundesland geltend sind, erfahren Sie z. B. über die Homepage des Bundesverbandes für Legasthenie und Dyskalkulie.

Fallbeispiel:

Mit der Diagnose **Legasthenie** wird Emanuel in der Ergotherapie vorgestellt. Emanuel macht einen aufgeweckten, sehr interessierten Eindruck und schneidet bei der Testung der Wahrnehmungsbereiche gut ab. Im Rahmen eines grobmotorischen Bewegungsparcours soll Emanuel einen kurzen Satz vorlesen. Aus dem aufgeweckten Jungen wird schlagartig ein überfordertes Kind. Es wirkt so, als bereite das Lesen ihm körperliche Schmerzen. Buchstabe für Buchstabe versucht er, die Wörter mehr zu erraten, als zu lesen, kein einziges Wort kommt flüssig über seine Lippen. Erstaunlicherweise kann er dennoch den Inhalt des Satzes wiedergeben.
Emanuel erhält schon seit längerem eine Legasthenie-Therapie. Dort bekommt die Mutter wichtige Tipps und Emanuel erzielt langsam aber kontinuierlich kleine Fortschritte. Sowohl die Legasthenie-Therapeutin als auch die Ergotherapeutin arbeiten mit Emanuel an der untersten Stufe des Leseerwerbs, der Zuordnung von geschriebenem Buchstaben zu einem Laut, also den Buchstabennamen. Emanuel vertauscht nämlich nicht nur b und d, er verwechselt auch k und h, h und n oder j und l. In einem Gespräch mit seiner Mutter erklärt Emanuel ihr eines Tages, dass er sich die Buchstaben von verschiedenen Seiten vorstellen kann und dass es ihn verwirre, dass z. B. das j, wenn man es dreht und verschiebt, dem l so ähnlich sehe. Emanuel hat also eine vollkommen andere, komplexere und kompliziertere Wahrnehmung, die ihm beim Lesen und Schreiben im Weg steht. Durch Emanuels Selbstreflexion können die Therapeuten nun gezielte Angebote machen.
Emanuel wechselt kurz vor Ende des zweiten Schuljahres auf eigenen Wunsch von der Regelschule auf die Förderschule. Er äußert selbst, dass der Druck, den das „lesen-müssen“ für ihn bedeutet, ihm zu groß geworden sei. An der Förderschule fühlt sich Emanuel wohl, was für die Mutter das Wichtigste ist. Sie bemerkt jedoch kritisch, dass bei Emanuel nur in Deutsch Förderbedarf besteht. Im Fach Mathematik wird der Unterricht seinem Leistungsstand nicht gerecht. Nach Rücksprache mit der Lehrkraft bearbeitet Emanuel zu Hause reguläre 3. Klasse Mathematik-Aufgaben. Obwohl es Emanuel nach eigenen Aussagen in der Schule gut geht, stellt sich für die Mutter daher immer wieder die Frage, ob die Entscheidung die Schulform zu wechseln, richtig war.

Links und Literatur:

- Bundesverband Legasthenie und Dyskalkulie e. V.
  c/o EZB Bonn
  Postfach 201338
  53143 Bonn
  Telefonische Beratung: Tel.: 02 761 / 66 00 41
  Email: beratung@bvl-legasthenie.de
  Internet: www.bvl-legasthenie.de

3.3.4 Mathematik/Dyskalkulie

Wenn ein Kind in allen anderen Fächern gute bis mittlere Leistungen erzielt, isoliert in Mathematik auffällt, und Üben oder Nachhilfe keinen Erfolg zeigen, kann unter Umständen eine Rechenschwäche (Dyskalkulie) vorliegen. Unter Dyskalkulie versteht man ein mangelhaftes, unzureichendes oder grundlegend verkehrtes Verständnis von Mengen, Größen, Zahlen und mathematischen Operationen. Das kann sich zum Beispiel in folgenden Symptomen zeigen:

- Ähnliche Zahlen werden nicht erkannt
- Schreiben der Ziffern in „gesprochener" Reihenfolge, Zahlendreher
- Addition und Subtraktion werden grundsätzlich zählend bewältigt
- Unangemessen langer Gebrauch der Finger
- Verständnislosigkeit bei Zehner-, Hunderter-, Tausenderübergängen
- Mangelnde und inhaltsleere Merkleistung beim Einmaleins

Hierbei handelt es sich nur um Beispiele! Nicht jedes Merkmal bedeutet, dass ein Kind an einer Rechenschwäche leidet. Lernen ist ein Prozess und jeder Grundschüler wird in diesem Prozess zeitweise schlechtere Leistungen zeigen. Sollten aber viele Indizien konsequent auftreten, die sich tendenziell eher verschlechtern als verbessern, so sollte das Vorhandensein einer Rechenschwäche abgeklärt werden.

Zur Diagnostik einer Rechenschwäche gehört eine umfangreiche testpsychologische Untersuchung, die die Analyse der Rechenstrategien und Rechenfertigkeiten einschließt. Diese Untersuchung wird oft von Schulpsychologen durchgeführt. Sie können sich aber auch an spezielle Institute wenden, um eine Testung durchführen zu lassen.

Leider ist es nicht in allen Bundesländern üblich, rechenschwachen Kindern einen Nachteilsausgleich zu gewähren. Es besteht jedoch die Möglichkeit, das Kind durch eine Dyskalkulie-Therapie zu unterstützen. Diese wird durch das Jugendamt gefördert oder muss privat finanziert werden. In dem Beratungsgespräch, das im Rahmen der Testung stattfindet, erfahren Eltern und Lehrkräfte, welche therapeutischen Maßnahmen erforderlich sind, wie diese durchgeführt werden können und was beim häuslichen Üben von nun an zu beachten ist.

Rechen-Lexikon

Material: Papier und Stifte, Sachaufgaben aus dem Unterricht/ Mathematikbuch

Manche Kinder haben nicht mit dem Rechnen an sich, sondern vor allem mit dem sprachlichen Verständnis bei Sachaufgaben Schwierigkeiten. Dann kann es sinnvoll sein, eine Art Rechen-Lexikon anzulegen, in dem mathematische Begriffe erklärt werden.
Idealerweise erarbeitet das Kind die Begriffe selbst und wird dabei von einem Erwachsenen unterstützt. Das fertige Lexikon (das natürlich immer wieder erweitert werden kann) darf dann bei den Hausaufgaben benutzt werden.

addieren	zusammenzählen, plus, +, wird mehr, ...
subtrahieren	Abziehen, minus, -, wird weniger, ...
multiplizieren	Malnehmen, x, ...
dividieren	Geteilt, :, ...

Nicht nur einzelne Worte, auch Formulierungen sollten erklärt werden.
Beispiel: *Wenn ich zu einer Zahl* 5 dazuzähle, erhalte ich 11. Die Formulierung bedeutet, dass man die Zahl nicht kennt und zur Lösung der Aufgabe die Umkehraufgabe stellen muss: $? + 5 = 11 \rightarrow 11 - 5 = 6$.
Was ist der *Unterschied* zwischen 9 und 13 → die kleinere wird von der größeren Zahl abgezogen.

Rechen-Theater

Material: Papier, Stifte

@ Ob es sinnvoll ist, das Rechen-Theater als Hilfe einzuführen, sollte erst mit der Lehrkraft abgeklärt werden! Es handelt sich dabei um eine durch die Visualisierung stark unterstützende Hilfe, ähnlich dem Abzählen an den Fingern. Das Rechen-Theater ermöglicht es allerdings Kindern mit Unsicherheiten im Bereich Mathematik, sich z. B. bei Kopfrechenaufgaben im Unterricht zu beteiligen und so positive Erlebnisse machen zu können. In einigen Grundschulen sind während der ersten Schulmonate an allen Schülertischen Rechen-Theater angebracht.
Das Rechen-Theater besteht aus einem einfachen Blatt Papier und stellt ein „Theater“ dar, mit Zuschauerplätzen und einer Bühne. Die Zuschauerplätze sind

@ Immer wenn Sie dieses Logo sehen, können Sie Material downloaden.
Anleitung siehe S. 163.

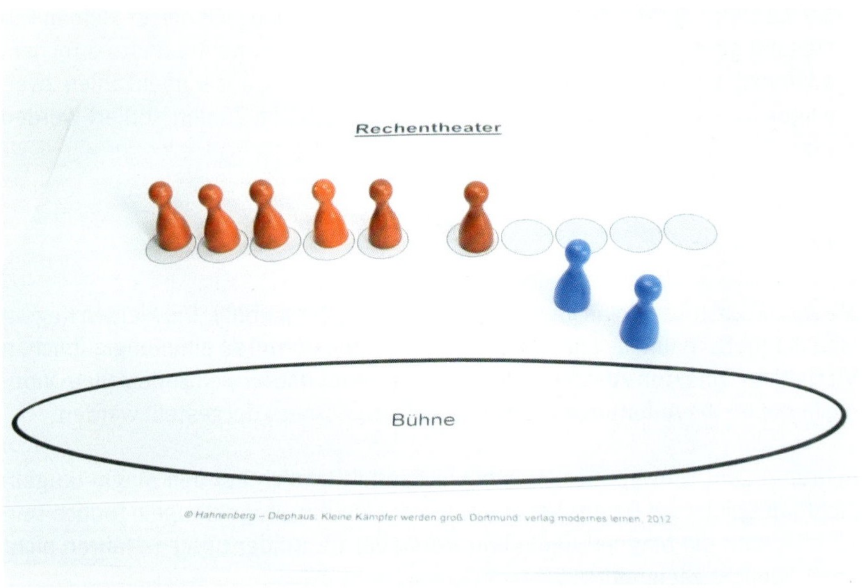

als Kreise dargestellt. Auf jeder Seite der Bühne befinden sich 10 Plätze. Werden Rechenaufgaben gestellt, stellt sich das Kind die entsprechende Anzahl der Plätze besetzt vor und kann sich das Ergebnis so erarbeiten. Beispiel: Die Lehrkraft stellt die Aufgabe 6 + 2 = ?. Das Kind sucht sich nun 6 Plätze, z. B. indem es in einem Zehnerblock sechs Kreise abdeckt und lässt dann 2 Kreise hinzukommen. Bei Minusaufgaben funktioniert es ebenso. Das Kind verdeckt so viele Felder, dass die erste Zahl sichtbar bleibt (z. B. 8) und verdeckt dann die Felder entsprechend der Zahl, die abgedeckt werden soll (z. B. 6). Frei bleiben die dem Ergebnis entsprechenden Felder.

Einigen Kindern gelingt es mit Hilfe des Theaters sehr schnell, sich die besetzten und freien Felder vorzustellen und dann, ohne Gebrauch der Finger, zum Ergebnis zu kommen. Das Rechen-Theater stellt jedoch nur eine Idee für eine Rechenhilfe dar. Es ist durchaus möglich, dass sich nicht jedes Kind auf diese Unterstützung einlassen kann!

Zehner markieren

Wenn in der zweiten Klasse begonnen wird, mit zweistelligen Zahlen zu rechnen, beginnt bei vielen Kindern die Verwirrung: welche Zahl lese ich zuerst, welche Zahlen rechne ich zusammen? Damit sich Kinder mit Zehner und Einer-Positionen besser zurecht finden, hilft es manchmal, die Stellen farbig zu markieren. Die

Einer werden z. B. orange unterstrichen, die Zehner blau. Mit dieser kleinen Hilfestellung gelingt es vielen Kindern leichter, die Zahlen richtig auszusprechen. Sie können sich merken: ich lese orange zuerst. Beim Zusammenzählen zweistelliger Zahlen wissen sie, dass nur die gleichfarbigen Zahlen addiert werden dürfen. Beispiel: 34 + 65 = 99

Magnet-Kugeln

Magnet-Kugeln kann man im Internet bestellen („Neocube“). Die kleinen Kugeln sind magnetisch und lassen sich ohne weitere Hilfsmittel zu einer unglaublichen Vielzahl an Objekten zusammenfügen. Im Internet finden sich zudem viele Videos, in denen die Anleitungen zu spektakulären Körpern dargestellt werden.

Achtung: Laut Hinweis des Herstellers handelt es sich bei den Magnetkugeln nicht um Spielzeug! Da das Verschlucken der kleinen Magnetkugeln tödlich sein könnte, sind die Magnetkugeln laut Hersteller für Kinder unter 14 Jahren nicht ohne Aufsicht geeignet!
Wenn Sie sich gemeinsam mit dem Kind mit den Kugeln beschäftigen, bietet sich die Möglichkeit, die Rechenoptionen „plus“, „minus“, „mal“ und „geteilt“ zu visualisieren. Geben Sie dem Kind zwei Kugeln und dann nochmals drei. Es darf die Kugeln nun zu einer Schlange zusammenfügen. Wie lang ist die Schlage? Wie heißt die dazugehörige Rechenaufgabe (2+3=5). Geben Sie dem Kind zum Start mehr Kugeln, können Sie durch Abgeben von Kugeln eine Minusaufgabe imitieren. Das gleiche Prinzip lässt sich für Mal- und Geteilt-Aufgaben anwenden (3x 4 Kugeln = 12 Kugeln; 12 Kugeln kann man auf 4 x 3 oder 3 x 4 Kugeln aufteilen)
Um die Geometrie zu unterstützen, können Sie zusammen mit dem Kind Körper bauen und somit z. B. die Grundflächen erarbeiten.

Hunderterhaus

Material: Tonpapier weiß und rot, Hundertertafel (in Rechenheften oder im Internet zu finden) größer kopiert; Schere, Kleber

Das Hunderterhaus bildet den Zahlenraum bis Hundert ab. Wie der Name sagt, wird der Zahlenraum als Haus dargestellt. Das Haus hat zehn Stockwerke. Im untersten „wohnen“ die Zahlen 1 bis 10, im obersten die Zahlen 91 bis 100.
Achtung! Die in der Schule verwendeten Hundertertafeln sind in der Leserichtung anders angeordnet! Solange mit der Hundertertafel im Unterricht gearbeitet wird, ist es unter Umständen nicht sinnvoll, das Hunderterhaus zu basteln. Stellt sich jedoch heraus, dass das Kind trotz der Arbeit mit der Hundertertafel keine Vorstellung vom Zahlenraum entwickeln konnte, kann das Haus helfen, sich den Zahlenraum vorzustellen.

Schneiden Sie die einzelnen Felder der Hundertertafel aus. Markieren Sie auf einem weißen, rechteckigen Tonpapier zehn Reihen mit ausreichend Platz für zehn Zahlenfelder. Bedenken Sie, dass zwischen den Zahlenkarten ein Abstand sein sollte! Fixieren Sie ein Dreieck aus rotem Tonpapier als Dach an dem Rechteck. Kleben Sie nun die Zahlen auf das Tonpapierhaus. Beginnen Sie unten links mit der 1, rechts daneben die2, über die 1 kommt die 11. Sowohl beim Ausschneiden der Kärtchen als auch beim Aufkleben sollte das Kind eingebunden werden!

Das Hunderterhaus sollte am besten im Kinderzimmer aufgehängt werden oder in dem Raum, in dem das Kind seine Hausaufgaben macht. Mit dem Hunderterhaus lassen sich kleine Aufgaben spielerisch stellen: Herr 64 ist neu eingezogen – wie heißen seine Nachbarn? Wenn Frau 55 laut Musik hört, beschweren sich die Zahlen die über und unter ihr wohnen – wie heißen sie? Wenn Familie 71 die Familie 80 besuchen will, an welchen Zimmern geht sie dann vorbei?

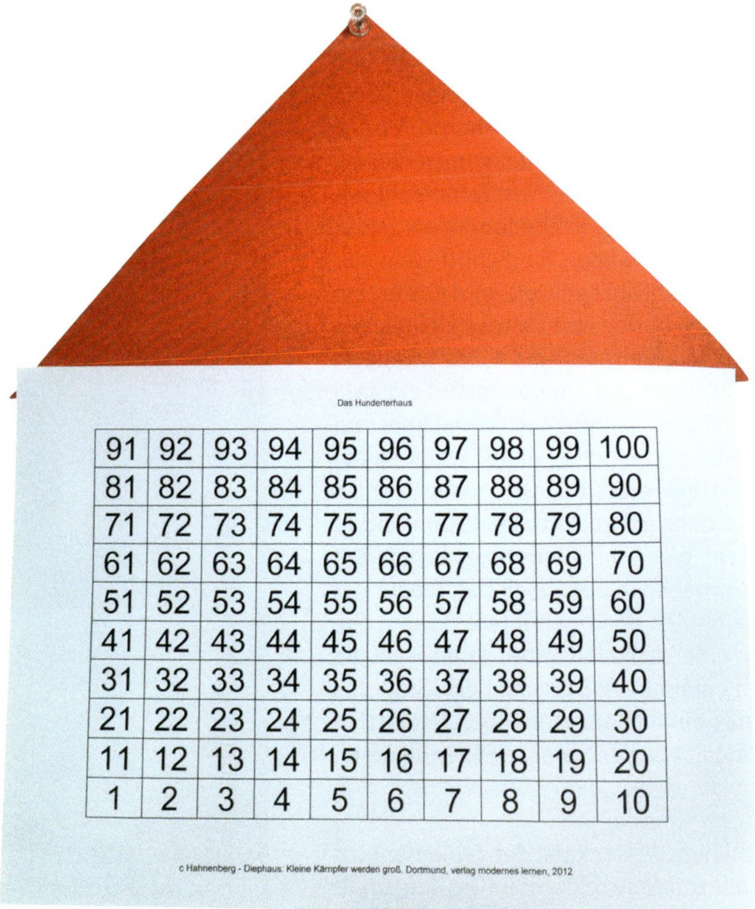
Das Hunderterhaus
91 92 93 94 95 96 97 98 99 100
81 82 83 84 85 86 87 88 89 90
71 72 73 74 75 76 77 78 79 80
61 62 63 64 65 66 67 68 69 70
51 52 53 54 55 56 57 58 59 60
41 42 43 44 45 46 47 48 49 50
31 32 33 34 35 36 37 38 39 40
21 22 23 24 25 26 27 28 29 30
11 12 13 14 15 16 17 18 19 20
1 2 3 4 5 6 7 8 9 10
c Hahnenberg - Diephaus: Kleine Kämpfer werden groß. Dortmund, verlag modernes lernen, 2012

Zahlenteppich

Material: Stoffreste, eine ca. 5m lange und 30 bis 50cm breite feste Stoffbahn, Schere, Stift, Kleber, Klebeband

Mit dem Zahlenteppich können Sie den Zahlenraum bis zehn anschaulich und begreifbar machen. Die feste Stoffbahn dient als Grundlage für einen Zahlenstrahl. Markieren Sie 10 Felder von je 50cm Länge auf dem Streifen. In diese Felder werden die Zahlen von eins bis zehn eingetragen. Dazu die Zahlen aus bunten Stoffresten ausschneiden und aufkleben oder aufnähen.
Mit Hilfe dieses Zahlenteppichs kann sich das Kind den Zahlenraum erarbeiten und die Zahlen lernen. Fordern Sie es auf, sich auf ein bestimmtes Zahlenfeld zu stellen und überprüfen Sie, ob es dem Zahlenbegriff ein Zahlenbild zuordnen kann. Überprüfen Sie andersrum, ob es den Zahlennamen nennen kann, wenn Sie neben einem Zahlenfeld stehen. So werden die Rechenoptionen „plus" und „minus" erlebbar: Ein Schritt nach vorne und die Zahl auf dem Feld wird größer, ein Schritt nach hinten und sie wird kleiner. Wie viele Schritte kann das Kind auf dem Teppich machen? Wenn das Kind auf dem Feld zwei steht und zwei Schritte nach vorne geht, auf welchem Feld landet es dann? Wenn es auf dem dritten Feld steht, wie viele Schritte muss es dann gehen, um zum achten Feld zu kommen? Wenn das Kind in der Schule mit dem Kopfrechnen begonnen hat, macht der Zahlenteppich das Üben interessanter: Sie stellen eine Rechenaufgabe, deren Ergebnis im Zahlenraum eins bis zehn liegt. Statt das Ergebnis einfach nur zu nennen, stellt sich das Kind auf das entsprechende Zahlenfeld.

Bei schönem Wetter kann der Zahlenteppich auch mit Straßenkreide draußen aufgemalt werden!

Fallbeispiel:

Sandra bekommt seit der Kindergartenzeit Ergotherapie. Ursprünglich wurde sie wegen einer auffälligen, verkrampften Stifthaltung vorgestellt. Im Lauf der Zeit kristallisierten sich immer wieder neue Alltagsprobleme heraus. In der Schule fällt schnell auf, dass Sandra die Inhalte des Schulstoffs zwar versteht und zu Hause auch wiedergeben kann, in Leistungsnachweisen aber oft nicht in der Lage ist, ihr Wissen abzurufen. Sandras Leistungskurve bleibt die ersten beiden Schuljahre hinweg schwankend. Sowohl die Lehrerin als auch die Mutter sind sich einig, dass Sandra den Anforderungen der Grundschule kognitiv gewachsen ist. Beiden ist es jedoch nicht möglich, Sandras tatsächlichen Leistungsstand zu identifizieren. Zum Ende des zweiten Schuljahres hin, denkt Sandras Familie über einen Wechsel auf die Förderschule nach. Unter anderem auf Anraten der Lehrerin wiederholt Sandra die zweite Klasse an der Grundschule. Zur neuen Klasse fasst Sandra schnell Vertrauen, knüpft neue Freundschaften und fühlt sich nach Meinung der Mutter wohl. Da sie die Lerninhalte bereits kennt, erwarten nun alle ein Jahr mit stabilen Leistungen, die Sandras Selbstvertrauen stärken. Es zeigt sich jedoch, dass trotz der Wiederholung die Leistungskurve weiterhin schwankt. Themen, die Sandra bereits im Vorjahr sicher beherrschte, scheinen ihr nun plötzlich völlig fremd zu sein. In anderen Bereichen profitiert sie sehr von der Wiederholung und erzielt gute Leistungsnachweise.
Im Fach Mathematik sind Sandras Leistungen stark schwankend. Sie behält auch in der Wiederholung der zweiten Klasse das Rechnen mit den Fingern und das Abzählen bei. Es gelingt ihr kaum, Rechenaufgaben im Kopf zu lösen. Gelingt es ihr doch, traut sie sich oft nicht, das Ergebnis zu nennen. Im Rahmen der Ergotherapie werden immer wieder Rechenhilfen erprobt, die darauf abzielen, Sandra Visualisierungshilfen zu bieten. Es zeigt sich, dass Sandra neue Inhalte über viele verschiedene Wege aufnehmen muss, um sie sicher abzuspeichern. So profitiert sie davon, die Zahlen aus Wollfäden zu legen und nachzufühlen, mit Glassteinchen zu rechnen oder sich Zahlen in Rechnungen farbig zu markieren. Weiterhin ist es jedoch so, dass Sandra gewissermaßen unberechenbar bleibt: zeigte sie gestern noch, wie gut sie schriftlich addieren kann, mag es bei den nächsten Hausaufgaben eine Katastrophe sein. Die Textaufgaben, die zuletzt unlösbar schienen, bewältigt sie beim nächsten Mal dann plötzlich ohne Hilfe.
Sandra und ihre Eltern haben sich nach einigen schulischen Rückschlägen in der dritten Klasse entschlossen, eine alternative Schulform zu wählen. Durch einen glücklichen Zufall konnte sie auf eine Montessori-Schule wechseln, wo sie sich auf Anhieb wohl fühlte.

Links und Literatur:

- Bundesverband Legasthenie und Dyskalkulie e. V.
  c/o EZB Bonn
  Postfach 201338
  53143 Bonn
  Telefonische Beratung: Tel.: 02 761 / 66 00 41
  Email: beratung@bvl-legasthenie.de
  Internet: www.bvl-legasthenie.de

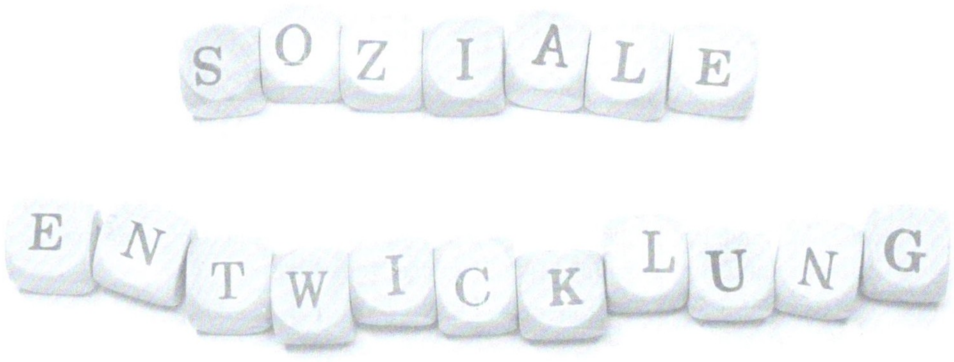

3.3.5 Soziale Entwicklung

Mit Sozialverhalten bezeichnet man die Art und Weise, wie Menschen miteinander umgehen. Dabei wird mit Sprache, aber auch Mimik und Gestik kommuniziert. Positive wie negative Gefühle und Erlebnisse können das Sozialverhalten beeinflussen.

Von klein an entwickelt sich das Sozialverhalten innerhalb der Familie. Die soziale Interaktion mit anderen Kindern wird erst ab dem Kindergartenalter trainiert. In beiden Fällen können Störungen und Entwicklungsverzögerungen auftreten.

Eine gute und sichere Eltern-Kind-Beziehung zeichnet sich im Babyalter durch bedingungsloses Vertrauen aus. Wird ein Baby durch Krankheit oder Frühgeburt zeitweise von seiner Mutter, bzw. Bezugsperson getrennt, kann das negative Auswirkungen haben. In Situationen, in denen das Kind unsicher ist, kann es dann nicht, wie üblich, Halt und Trost bei der Mutter finden oder ist überängstlich. Es erfordert viel Liebe und Geduld seitens der Eltern, mit den Kindern eine sichere Bindung aufzubauen.

„Mit unserem reifgeborenen Kind ist alles so selbstverständlich, er weiß einfach, dass ich für ihn da bin. B. dagegen braucht andauernd die Bestätigung meiner Liebe. Das ist wie ein Fass ohne Boden ...“

Einer Studie aus den USA zufolge, beeinflussen Eltern die Entwicklung ihrer Kinder zu 20 % – das ist mehr als die meisten Therapien (Jäkel, Karin: Magazin des Bundesverbandes „Das frühgeborene Kind“ e.V. Ausgabe Nr. 4 – 2011, Bericht zum Symposium „Therapie“ am 5.11.2011, Seite 36–41). Dennoch müssen und sollten sich gerade die Eltern von Frühgeborenen nicht für 100 % der Entwicklung ihrer Kinder verantwortlich fühlen.

Aber – auf einige Punkte sollten alle Eltern von Frühgeborenen achten:

- Lassen Sie alle Sinne Ihres Kindes vor der Einschulung überprüfen, vor allem Hören und Sehen. Probleme können auch erst im Grundschulalter auftreten!
- Frühgeburtlichkeit erhöht das Risiko, eine Aufmerksamkeitsstörung zu entwickeln, erheblich – auch darüber sollte man zumindest mit dem Kinderarzt sprechen und gegebenenfalls eine Diagnose stellen lassen.

Fallbeispiel:

Frau A. berichtet über die Besonderheiten, die sich aus der Frühgeburt ihrer Tochter, vor allem in Bezug auf den Schulerfolg, ergeben.

Frau A. hat Psychologie studiert, ihr Mann arbeitet als Sozialpädagoge. Die Familie hat zwei Kinder, das Erstgeborene ist ein Sohn (bei dem die Geburt normal verlief), N. ist das zweite Kind der Familie.

Probleme durch Ängste

Frau A. berichtet von N.s Ängsten, die ausschließlich in Verbindung mit Dunkelheit (also überwiegend beim zu Bett gehen) auftreten. N. habe ihre Ängste in Form eines Bildes festgehalten und dabei eine Holzpuppe und eine Hexe gezeichnet und von diesen erzählt. Ns. Beschreibungen erinnerten Frau A. und ihren Mann an Szenen aus dem Krankenhaus, es besteht daher der Verdacht, dass es sich um Ns. frühkindliche Erinnerungen handelt.
Die abendlichen Ängste führen bei N. zu Einschlaf- und Durchschlafschwierigkeiten, die dafür verantwortlich sind, dass N. im Unterricht teilweise unausgeschlafen ist.

Bindung zwischen Mutter und Kind

Frau A. erzählt, N. habe in ihrer Familie eine besondere Rolle, ohne dass man ihr diese bewusst oder willentlich zugeteilt habe. Frau A. bemerkt, dass der Umgang mit beiden Kindern nicht gleich ist. Seit ihrer Geburt sei man um N. stets besorgt gewesen, dies habe eine ganz andere emotionale Gewichtung entstehen lassen.
Gleichzeitig berichtet Frau A., dass ihre Bindung zu N. eine andere Qualität habe, als die zu ihrem Sohn. Ihrem Sohn könne sie helfen, indem sie da sei. Sie habe das Gefühl, er wisse, dass alles wieder gut sei, wenn die Mutter da ist. Bei N. helfen die mütterlichen Zuwendungen nicht auf die gleiche Art. Auf Grund einer Äußerung von N habe die Mutter den Verdacht, dass die Bindung auch von Ns. Seite anderes ausgeprägt ist: N. habe Frau A. von ihrer Unsicherheit berichtet, ob ihre Mutter tatsächlich ihre Mutter sei und ob sie nur eine einzige Mutter

habe. Frau A. erklärt sich diese Unsicherheit dadurch, dass N. im Krankenhaus von mehreren Krankenschwestern versorgt worden sei, die sich „mütterlich“ um N. gekümmert haben. (Auch hier besteht der Verdacht, dass N. Erinnerungen aus der Krankenhauszeit habe.) Diese Unsicherheit bestehe im Bezug zum Vater nicht, dennoch könne auch er N. bei ihren Ängsten nicht helfen. Für Frau A. entstehe durch die andere Art der Bindung zu ihrer Tochter immer wieder das Gefühl von Hilflosigkeit und manchmal auch der Überforderung.

Allgemeines

Frau A. erlebt, dass N. schneller ermüdet als andere Kinder. Zwar sei N. sportlich aktiv (neben dem Schulsport spielt sie Tennis und unternimmt sportliche Aktivitäten, wie Radfahren und Skifahren mit der Familie), melde ihrer Mutter aber oft zurück, dass sie etwas anstrengend gefunden habe und müde sei.
Frau A. berichtet, dass N. einen guten Zugang zur Musik habe. Interessanterweise sei im Inkubator Musik eingespielt worden. Dort hätten sich auch immer Kuscheltiere befunden, die für N. noch heute eine wichtige Rolle spielen.
N. falle im Vergleich zu ihrem Bruder durch eine besondere Feinfühligkeit auf. Sie habe ein gutes Gefühl für Beziehungen und könne Streitigkeiten mit ihrer besten Freundin nur schwer wegstecken. Zu ihrer alten Klasse habe N. immer noch eine enge Bindung. Die neue Lehrerin habe sogar berichtet, sie habe es als etwas ganz besonderes erlebt, dass eine Klasse so guten Kontakt zu einer ehemaligen Mitschülerin pflege. Zu ihrer neuen Klasse nehme N. hingegen nur zögerlich Kontakt auf, sei aber dennoch momentan ausgeglichen und scheine nicht unter der Situation zu leiden.
Frau A. berichtet, N. sei oft sehr unsicher. Sie habe oft das Gefühl, N. könne bestimmte Dinge, traue sich aber nicht. Es falle zudem die Schwierigkeit auf, Räume einzuschätzen. Dies bemerke man beim Radfahren (Abstände einhalten, Gefahrensituationen einschätzen) und beim Schreiben in den Zeilen (Buchstaben rutschen unter die Zeilen oder stehen nicht darauf).

Links und Literatur:

- Das Frühgeborene Kind, Mitteilungsblatt des Bundesverbandes 3.2008 Themen-Schwerpunkt: Sozialverhalten frühgeborener Kinder, Frankfurt, 2008
- Jäkel K. u. a., Frühgeborene und Schule, Bundesverband „Das frühgeborene Kind“, Frankfurt, 2011

Fallbeispiel:

Andreas wird in der ersten Klasse in der Ergotherapie vorgestellt. Er bekam bereits im Kindergarten heilpädagogische Förderung, da sein Entwicklungsstand nicht dem der Gleichaltrigen entsprach. Neben motorischen Schwierigkeiten fiel schon im Kindergarten das Sozialverhalten auf: Andreas ist oft in Streit verwickelt und geht mit anderen Kindern zum Teil recht grob um.
Obwohl Andreas wegen einer verkrampften Stifthaltung bei Linkshändigkeit in der Ergotherapie vorgestellt wird, rückt zunehmend das Sozialverhalten als Problem in den Vordergrund. Andreass Mutter wird regelmäßig von der Lehrerin kontaktiert, die über Streit, körperliche Auseinandersetzungen und störendes Verhalten berichtet. Andreas ist zierlich und im Vergleich zu Gleichaltrigen sehr klein. Verbal ist er sehr gewandt, so überrascht es nicht, dass er andere Kinder durch Äußerungen provozieren soll. Dass Andreas bei körperlichen Auseinandersetzungen die treibende Kraft sein soll, scheint für die Mutter eher unwahrscheinlich. Eines Tages eskaliert die Situation in der Schule: Andreas wird beschuldigt, ein anderes Kind vor der ganzen Klasse bloßgestellt und angegriffen zu haben, während die Lehrerin kurz den Klassenraum verlassen hatte. Im Gespräch mit der Mutter beteuert Andreas, nichts getan zu haben. Er berichtet jedoch davon, dass einige ältere Schüler der benachbarten Klasse ihn jeden Morgen in der Garderobe hänseln, ihn „Kindergartenkind" nennen und ihm seine Schulsachen wegnehmen.
In einem Round-Table Gespräch mit der Schulpsychologin, der Lehrerin, den Eltern und der Ergotherapeutin wird die Situation besprochen. Es wird unter anderem vereinbart, dass Andreas in der Ergotherapie an einer Gruppentherapie teilnehmen soll. In diese Gruppe ist Andreas sofort gut integriert. Im Rahmen der therapeutischen Angebote bekommt er viel positives Feedback und macht die Erfahrung, sich in einer Gruppe durch positive Leistungen und nicht durch Provokation und Clownereien hervorzutun.
Die Ergotherapie wird beendet, nachdem Andreas an der Gruppe teilgenommen hat. Einige Wochen später kontaktiert die Lehrerin die Therapeutin und berichtet, dass Andreas viel gelassener und ausgeglichener sei. Eine erneute ergotherapeutische Intervention war danach nicht mehr nötig.

3.3.6 Visuelle und auditive Wahrnehmung

Die Definition sowie die Erklärung der Teilbereiche der visuellen Wahrnehmung finden Sie im Kapitel 2.3.6. auf Seite 53.

Visuelle Wahrnehmungsstörung – Typische Probleme:
- „Übersehen“ größerer Objekte, Anstoßen an großen Objekten, obwohl kleinere durchaus wahrgenommen werden
- Mangelnde Entfernungseinschätzung, fehlende Raumvorstellung (trotz nachweisbarem Binokularsehen)
- Unsicherheiten bei körperlichen Betätigungen wie Balancieren, Radfahren, Ballspielen ...
- Schwaches Vorstellungsvermögen bei Mal- und Bastelarbeiten
- Fehlende Muster- und Bilderkennung beim Ausmalen
- Unsauberes Schriftbild bei dem die Buchstaben selten die Zeilen treffen
- Sog. Teilleistungsschwächen (Legasthenie, Dyskalkulie)
- Vermeidung bestimmter Tätigkeiten, z. B. Puzzle

Anders als Sehbehinderungen, fallen Störungen der Wahrnehmung oft erst spät auf. Es sind daher geeignete Testmethoden notwendig, um beim Verdacht auf eine „unklare visuelle Störung“ gezielt nach Störungen der visuellen Verarbeitung zu suchen. Nur dann kann sie gezielt gefördert werden. Diese Testmethoden sollten folgenden Berufsgruppen bekannt sein und zur Verfügung stehen:
- Augenärzte
- Kinderärzte
- Orthoptisten
- Allgemeinärzte
- Ergotherapeuten

Auditive Wahrnehmungsstörung
Die Definition sowie die Erklärung der Teilbereiche der auditiven Wahrnehmung finden Sie im Kapitel 2.3.6. auf Seite 56.

„Eine auditive Verarbeitungs- und/oder Wahrnehmungsstörung liegt vor, wenn zentrale Prozesse des Hörens gestört sind. Zentrale Prozesse des Hörens ermöglichen die Analyse von Zeit-, Frequenz- und Intensitätsbeziehungen akustischer oder auditiv-sprachlicher Signale, Prozesse der binauralen Interaktion (z. B. Geräuschlokalisation, Lateralisation und Störgeräuschbefreiung) und der dichotischen Verarbeitung. Es handelt sich dabei um ein Defizit der Informationsverarbeitung, das spezifisch für die auditive Sinnesmodalität ist. Das Ergebnis im Tonschwellenaudiogramm ist dabei unauffällig.“
Offizielle Definition der deutschen Gesellschaft für Phoniatrie und Pädaudiologie.

Unsere Ohren sind ständig auf Empfang, wir werden nahezu andauernd mit Geräuschen beschallt. Das kann Hintergrundmusik sein, eine tickende Uhr, Gespräche in der Umgebung, Verkehrslärm, Vogelsingen ... Unbewusst und völlig automatisch blenden wir jedoch die Nebengeräusche aus, wenn wir uns auf eine einzelne Information konzentrieren wollen. Kinder mit einer auditiven Verarbeitungs- und Wahrnehmungsstörung können dies nicht. Sie nehmen alle Geräusche als gleich wichtig wahr und können das Wesentliche nicht herausfiltern. Eine auditive Verarbeitungs- und Wahrnehmungsstörung ist also eine Hörbeeinträchtigung trotz intaktem Hörorgan.

Fallbeispiel:

Nadine eckt in der Schule und in ihrem Freundeskreis ständig an. Oft muss sie zweimal nachfragen, bis sie ihre Freunde richtig verstanden hat. Im Unterricht ist es immer wieder notwendig, dass die Lehrerin sie mehrfach anspricht. Geschieht dies in einer Stunde häufiger, beginnen Nadines Klassenkammeraden, sich über sie lustig zu machen. Nadine hat keinen Sinn für Ironie, nimmt alles, was Freunde sagen, stets ernst und reagiert schnell beleidigt. Auch versteht sie Aussagen oft falsch, wenn mehrere Kinder durcheinander sprechen. Statt nachzufragen, macht sie dem betreffenden Kind Vorwürfe.

Auch im Alltag merkt Nadines Mutter, dass ihre Tochter sich anders verhält als Gleichaltrige: so telefoniert sie z. B. nur sehr ungern und spielt stets so laut, dass sie regelmäßig aufgefordert werden muss, leiser zu sein. Ins Kino geht Nadine nur ungern. Sie sagt, es sei ihr dort zu laut und sie würde immer wieder erschrecken. Da Nadine zu Hause auf Ansprache oft nicht reagiert, wenn nicht bereits Blickkontakt bestand, hat Nadines Mutter einen Termin beim Ohrenarzt vereinbart. Dieser stellt fest, dass Nadines Hörfähigkeit unauffällig ist, überweist Nadine aber auf Grund der Schilderungen ihrer Mutter zur pädaudiologischen Untersuchung. Dort wird eine auditive Verarbeitungs- und Wahrnehmungsstörung festgestellt. Nadine soll bei einem spezialisierten Logopäden behandelt werden.

Entlastende Maßnahmen im Umgang mit auditiv auffälligen Kindern:

- Das Zuhören fällt leichter, wenn Blickkontakt besteht. Das Kind ist aufmerksamer und kann unterstützend das Mundbild nutzen.
- Zeit für Kommunikation. Eltern, Erzieher und Lehrer sollten Sprechvorbilder sein.
- Vermeidung von Neben- und Störgeräuschen. In der Schule bedeutet dies z. B., dass das Kind nicht neben dem Tageslichtprojektor oder am Fenster zu einer befahrenen Straße sitzt.
- Reduzierung des TV-Konsums, da hier oft zu viele auditive und visuelle Informationen komprimiert dargeboten werden.
- Möglichst kleine Klassengrößen, möglichst ruhige Unterrichtssituation.
- Dem Kind sollte im Unterricht zugestanden werden, mehrfach nachzufragen und sich bemerkbar zu machen, wenn es ihm zu laut wird.
- Die am besten geeignete Sitzposition im Klassenraum ist vorne. Hier bieten sich weniger ablenkende Reize und das Mundbild der Lehrkraft kann genutzt werden.
- Kinder mit auditiven Wahrnehmungsstörungen sollten sorgfältig beobachtet werden, da eine einhergehende Beeinträchtigung des Schriftspracherwerbs möglich ist.
- Visuelle Arbeitshilfen nutzen.
- Viel positive Rückmeldung geben, Erfolgserlebnisse ermöglichen.

3.4 Tipps von Eltern für Eltern

„Glaubt daran, dass alles machbar ist!“

„Ganz wichtig ist ein gutes und vertrauensvolles Miteinander mit der Lehrkraft. Schriften über Problematiken der Frühchen können dem Lehrer helfen (und einem selbst auch), die Lage besser und gerechter zu beurteilen. Den Bedürfnissen der Frühchen (z. B. Ängste ausleben, viel kuscheln, viel über Probleme reden) immer nachgeben, auch wenn es manchmal schwer fällt.“

„Man sollte möglichst schnell lernen, das eigene Kind, trotz der Beeinträchtigungen, so zu akzeptieren, wie es ist. Ich habe lange den Fehler gemacht, mein Kind mit anderen zu vergleichen. Jetzt versuche ich immer den einfachsten Weg für ihn zu nehmen, egal was andere Kinder oder Eltern (Supermamas) sagen oder tun.“

„Ich empfehle einen Integrationskindergarten, weil im Kindergartenalter eine individuelle Förderung und intensivere Betreuung aus unserer Sicht sehr wichtig und wertvoll ist. In einer normalen Grundschule am besten das Thema Frühchen dem Lehrer kurz mitteilen, aber nicht in der Klasse breittreten.“

„Das Kind unbedingt ein Jahr länger im Kindergarten (ggf. Vorschulkindergarten) lassen, auch wenn keine sichtbaren Auffälligkeiten vorhanden sind – wir wollten es, Kindergarten nicht, er soll reif genug sein, in der Schule hat er aber Probleme gehabt. Unser Sohn wirkt auch einfach kindlicher als seine Freunde.“

„Auch wenn der Lehrer der Meinung ist, ihr Kind müsste noch viel mehr üben und braucht noch viel intensivere Übungsmaßnahmen durch die Eltern, sollte man sein Kind nicht zu sehr unter Lerndruck stellen. Man nimmt ihnen sonst die komplette Freude an der Schule.“

4. Praktische Hilfen

4.1 Therapien

Welche Therapie hilft meinem Kind? Welches ist die beste Behandlung? Hilft viel tatsächlich viel? Oder sollten wir uns auf eine Therapieform beschränken?

Diese Fragen stellen sich viele Eltern von Frühgeborenen und sie lassen sich ganz einfach beantworten: „Kommt darauf an …"

Der erste Ansprechpartner ist natürlich der Kinderarzt, der das Kind bestenfalls schon sehr lange kennt und seine Entwicklung einschätzen kann. Er kann an Frühförderstellen oder ein sozialpädiatrisches Zentrum überweisen und Verordnungen für Ergo- und Physiotherapie, Logopädie oder Motopädie ausstellen. Ein guter Zeitpunkt, um zu überprüfen, ob Therapien oder Behandlungen notwendig sein könnten, ist das Vorschulalter. Alle Frühgeborenen sollten, abgesehen von der Vorsorgeuntersuchung beim Kinderarzt, beim Augenarzt vorgestellt werden und beim Pädaudiologen das Hörvermögen testen lassen. Beide Fachärzte sollten, wenn möglich, Erfahrung mit Frühgeborenen haben.

Frühchen haben auch ein erhöhtes Risiko unter AD(H)S oder Legasthenie zu leiden. Hier lohnt es sich, auch kleinen Hinweisen von Erzieherinnen oder behandelnden Therapeuten nachzugehen.

Manchmal kommt man mit klassischen Methoden nicht weiter. Für diesen Fall gibt es ein großes Angebot an weiteren Behandlungs- und Therapiemethoden, die privat bezahlt werden müssen. In diesem Kapitel soll ein kleiner Überblick über verschiedene Therapieformen gegeben werden, ein Anspruch auf Vollständigkeit besteht nicht.

Gehen Kinder zu einem Zeitpunkt nur noch widerwillig zur Therapie, zeigen sie „Therapiemüdigkeit", sollte man über eine Pause nachdenken oder einen Wechsel der Art der Therapie. Vielleicht kann auch ein anderes Angebot an Sport oder Musikunterricht einen Teil der Therapie ersetzen.

„Geht mit dem begrenzten Gut der möglichen Förderung besonders achtungsvoll um!"

Links und Literatur:

- Magazin des Bundesverbandes „Das frühgeborene Kind“ e. V. Frühgeborene Nr. 2 – 2011, Schwerpunkt Alternative Therapien, Frankfurt 2011 (zu bestellen über www.fruehgeborene.de)

Frühförderstellen

In Frühförderstellen werden behinderte oder von Behinderung bedrohte Kinder in den ersten Lebensjahren bis zum Schuleintritt medizinisch, heilpädagogisch und therapeutisch betreut. Das Angebot kann ambulant stattfinden, wobei die Patienten für die Behandlung in die Förderstelle kommen, oder mobil. Dabei besuchen Therapeuten das Kind zu Hause oder im Kindergarten.

Hauptkostenträger der Frühförderung sind die Sozialhilfeträger und die gesetzliche Krankenversicherung. Eltern haben gegenüber der Sozialhilfe einen Rechtsanspruch auf Übernahme der Kosten, unabhängig von ihrem Einkommen. Die Frühförderstellen sind meist in Trägerschaft der freien Wohlfahrtspflege (zum Beispiel Diakonisches Werk, Caritas, DPWV) beziehungsweise als rechtlich selbständige Einrichtungen Mitglied in der freien Wohlfahrtspflege. Ein großer Träger ist die Lebenshilfe. Es gibt auch Frühförderstellen in kommunaler Trägerschaft.

Für Kinder mit einer Sinnesbeeinträchtigung (Blindheit, Sehbehinderung, Gehörlosigkeit und Schwerhörigkeit) gibt es spezielle Frühförderung bis zum Schuleintritt. Durchgeführt wird diese durch Sonderschullehrer der entsprechenden Fachrichtung. Angesiedelt sind diese Frühförderstellen an den jeweiligen Förderschulen.

Internet:
Die Frühförderstellen sind nicht zentral organisiert, eine Suche im Internet ergibt Treffer in Ihrer Nähe. Auf www.familienratgeber.de findet man nähere Informationen. Auf www.fruehfoerderung-viff.de in der Rubrik „Serviceangebot“ eine Suche nach Frühförderstellen.

Sozialpädiatrische Zentren

Sozialpädiatrische Zentren (SPZ) sind interdisziplinäre Einrichtungen mit ärztlicher Leitung, in denen Kinder und Jugendliche ambulant behandelt werden. Sie stellen bei der Behandlung eine Ergänzung zu den Praxen niedergelassener Ärzte und Therapeuten und den Frühförderstellen dar und stehen unter ständiger ärztlicher Aufsicht. In sozialpädiatrischen Zentren werden anders als in Frühförderstellen Kinder und Jugendliche jeden Alters behandelt.

In Deutschland gibt es etwa 130 SPZ, von denen 10 auch eine stationäre sozialpädiatrische Behandlung anbieten. Die Behandlung in einem SPZ muss von einem niedergelassenen Arzt verordnet werden. Die Inanspruchnahme von Leistungen ist für gesetzlich versicherte Patienten kostenlos. Am Beginn einer Behandlung in einem Sozialpädiatrischen Zentrum steht ein ausführliches Erfassungsgespräch (Anamnese). Ein auf die Situation zugeschnittenes Team kann dann auf sensorische Defizite, Störungen im Verhalten oder der Bewegungen, Wahrnehmungsstörungen, Aufmerksamkeitsstörungen und viele andere Sorgen eingehen.

- *Internet:*
  www.dgspj.de, hier findet man ein Adressverzeichnis
  der Sozialpädiatrischen Zentren
- *Geschäftstelle:*
  Deutsche Gesellschaft für Sozialpädiatrie und Jugendmedizin (DGSPJ), Prof. Dr. med Hans-Michael Straßburg, Geschäftsstelle, Emil von Behring-weg 8, 97218 Gerbrunn, Email: geschaeftstelle@dgspj.de

Links und Literatur:

- Ronald G. Schmid: Das Sozialpädiatrische Zentrum, Eine Information für Patienten und ihre Eltern, Sonderdruck aus dem Buch: Fördern-Heilen-Stärken, ISBN 3-922917-55-0

Ergotherapie

„Ergotherapeuten helfen und begleiten Menschen jeden Alters, die durch Krankheit, Behinderung oder Alter in ihrer Handlungsfähigkeit eingeschränkt sind und Schwierigkeiten bei alltäglichen Aufgaben haben. Ergotherapie zielt darauf ab, die Selbständigkeit der betroffenen Menschen zu erhöhen, sodass der Alltag in Beruf, Schule und Familie wieder so unabhängig wie möglich bewältigt werden kann." (Definition des Deutschen Verbands der Ergotherapeuten DVE) Unter anderem wird Ergotherapie bei Kindern mit Entwicklungsverzögerungen oder Behinderungen angewandt.

Ergotherapie wird vom Kinderarzt verordnet, dann werden die Kosten von der Krankenkasse übernommen. Ohne Rezept besteht die Möglichkeit, die Behandlung privat zu bezahlen, zum Beispiel bei Gruppentherapien.

- *Internet:*
  www.dve.info, hier findet eine Therapeutensuche in Praxen und Institutionen
- *Verband:*
  Deutscher Verband der Ergotherapeuten e. V.
  Postfach 22 08
  Becker-Göring-Str. 26/1
  76307 Karlsbad-Ittersbach
  Tel.: 07248–91 81 – 0
  Fax: 07248–91 81 71
- *E-Mail:* info@DVE.info
- *Buchtipp:*
  Hahnenberg/Diephaus: Das große Förderspielebuch Band 1 bis 3, Verlag modernes lernen, Dortmund, 2010, 2012

Die Ergotherapie verwendet vor allem spielerische Behandlungskonzepte. Dabei können Verbesserungen der Motorik, des Verhaltens und des Selbstbewusstseins und der Selbstständigkeit erzielt werden.

Frühgeborene, aber auch reifgeborene Kinder werden ergotherapeutisch behandelt, wenn

- Störungen der Bewegungen durch eine Schädigung des Gehirns,
- Defizite in der grob- und feinmotorischen Entwicklung,
- Störungen der sensomotorischen Entwicklung und kognitive Beeinträchtigungen,
- Störungen der Wahrnehmung,
- Defizite der sozio-emotionalen Entwicklung
- Oder psychische Erkrankungen, z. B. AD(H)S

vorliegen.

Nach einer Forsa Umfrage im Auftrag der Techniker Krankenkasse aus dem Februar 2010 war jedes fünfte Kind zwischen 6 und 18 Jahren in ergotherapeutischer Behandlung.

In der Ergotherapie werden vor allem lebenspraktische, handwerkliche oder künstlerische Methoden in der Arbeit mit Kindern angewandt. Damit können Fertigkeiten trainiert und (noch) nicht vorhandene Fähigkeiten erworben werden. Oftmals werden besonders die Fähigkeiten geübt, die die Kinder für einen erfolgreichen Schulbesuch benötigen, einige Praxen bieten Kurse zur Vorbereitung auf die Schule an.

„Der größte Schreck ist eigentlich, dass die Eltern dachten, alles sei in Ordnung, bis es in Kindergarten oder Schule zu Problemen kam!“

Gerade Ergotherapeuten berichten, dass die Arbeit mit den Eltern, in Form von aufklärenden oder beruhigenden Gesprächen, mit zu ihren wichtigsten Aufgaben bei der Betreuung von Frühgeborenen gehört.

Physiotherapie

Physiotherapie (Krankengymnastik) soll durch äußere Anwendung (z. B.: von physikalischen Reizen, Stimulationen, Mobilisationen u. a.) die Bewegungsfunktionen des Körpers (wieder-) herstellen und/oder erhalten.

Physiotherapie wird vom Arzt verordnet. Kostenträger sind gesetzliche und private Krankenkassen, Knappschaften und Rentenversicherungen.

- *Internet:*
  www.zvk.org oder www.physio-verband.de , hier findet eine Therapeutensuche in Praxen und Institutionen
- *Verband:*
  Deutscher Verband für Physiotherapie – Zentralverband der Physiotherapeuten/ Krankengymnasten (ZVK) e. V.
  Deutzer Freiheit 72-74
  50679 Köln
  Tel.: 0221–981027-0
  Fax: 0221–981027-25
- *E-Mail:* info@zvk.org
- Es gibt noch weitere Verbände, Internetseiten sind zum Beispiel:
  www.vpt.de (Verband Physikalische Therapie e. V.),
  www.ifk.de (Verband selbstständiger Therapeuten),

Viele Frühgeborene haben Physiotherapie schon ab den ersten Lebenstagen erhalten. Sobald die Kinder in ihrer motorischen Entwicklung aufgeholt haben, sich drehen, sitzen, stehen, laufen können, wird die Therapie vorerst beendet.

Im Kindergarten und Schulalter werden Kinder vor allem wegen motorischen Schwierigkeiten, Muskelerkrankungen oder Paresen, Haltungsschwächen oder zur Atemtherapie (z. B. bei Asthma) physiotherapeutisch behandelt.

Bei Frühgeborenen werden neben den oben genannten vor allem Störungen der muskulären und statomotorischen Entwicklung behandelt.

Motopädie/Mototherapie

„Zentraler Ansatz der Motopädie ist die Bewegung und die Wechselwirkung zwischen dem Körper und der Psyche des Menschen. Letzterer wird auch in dem international anerkannten Begriff PSYCHOMOTORIK zum Ausdruck gebracht. Bewegung wird verstanden als ein wesentlicher Bestandteil der Persönlichkeitsentwicklung in der Auseinandersetzung des Menschen mit seinem Körper sowie mit dem materialen und sozialen Umfeld. Das der Motopädie zugehörige Forschungs- und Lehrgebiet ist die Motologie. Die Motologie entspricht der inzwischen im europäischen und angloamerikanischen Raum vertretenen Wissenschaftsdisziplin PSYCHOMOTORIK. MOTOPÄDIE umfasst die Inhalte und Methoden der MOTOPÄDAGOGIK und MOTOTHERAPIE. “ (Definition auf der website des Berufsverbands der Motopäden, www.motopaedie-verband.de, Stand: 05.01.12)
Es empfiehlt sich, vorab mit der Krankenkasse zu klären, ob die Kosten übernommen werden. Falls nicht, sollte man mit dem in Frage kommenden Motopäden sprechen, der eventuell die Möglichkeit hat, die Behandlung als ambulante Frühförderung direkt mit einem öffentlichen Kostenträger abzurechnen (Antragsverfahren).

- *Internet:*
  www.motopaedie-verband.de
- *Verband:*
  Deutscher Berufsverband der MotopädInnen/Mototherapeuten DBM e.V.
  Wittbräucker Strasse 957
  44265 Dortmund
  Tel.: 0231 / 829 324
- *eMail:* info@motopaedie-verband.de

Mototherapie ist ein Behandlungskonzept, das bei Kindern, Jugendlichen und Erwachsenen angewandt werden kann, die in ihren Bewegungsfunktionen und/ oder in der Wahrnehmungsverarbeitung eingeschränkt und dadurch im Alltag beeinträchtigt sind.

Durch erlebnisorientierte und funktionale Wahrnehmungs- und Bewegungsangebote soll sich der Klient als kompetentes, eigenverantwortlich handelndes Wesen im Umgang mit Anderen produktiv erleben. Er entwickelt und stärkt die Fähigkeit, den alltäglichen Anforderungen in Familie, Kindergarten und Schule zu begegnen.

Motopädie ist ein Weiterbildungsberuf, Voraussetzung ist meist eine abgeschlossene Berufsausbildung in einem sozialen Bereich, z. B. als Erzieher oder eine pädagogische Ausbildung im Bereich Sport.

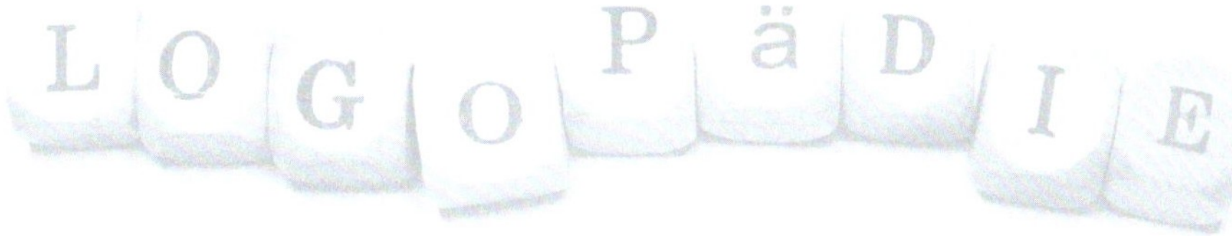

Logopädie

Logopäden beraten, untersuchen und behandeln auf Basis einer ärztlichen Verordnung Patienten mit Sprach-, Sprech- oder Stimmstörungen.

- *Internet:* www.dbl-ev.de
- *Verband:*
  Deutscher Bundesverband für Logopädie e. V. (dbl) Augustinusstr. 11a
  50226 Frechen
  Tel.: 02234 / 37 953-0

Logopäden führen eine Behandlung mithilfe geeigneter logopädischer Verfahren, wie Artikulations- und Sprachverständnistrainings oder Atem- und Entspannungsübungen durch. Dabei geht der Logopäde natürlich auf das Alter und die Befindlichkeit des Kindes ein.

Bei der Arbeit mit Kindern setzen Logopäden spezielle Methoden und didaktisches Material ein, um ihnen spielerisch Lautverbindungen und schwierige Buchstabenfolgen beizubringen, ohne sie in ihrer normalen Entwicklung zu verunsichern. Dies erfordert ein hohes Maß an Einfühlungsvermögen für kindliche Vorstellungen und ein fundiertes Wissen über entwicklungspsychologische Aspekte. Außerdem gehören Beratungsgespräche mit Patienten und Angehörigen zur Aufgabe eines Logopäden, zum Beispiel, wie Strukturen und Verhaltensweisen im häuslichen Umfeld angepasst werden sollten.

Visualtraining/Funktional-Optometrie

„Die Funktional-Optometrie beschäftigt sich mit Funktionsstörungen, die bei gesunden Augen aufgrund eines gestörten Sehverhaltens oder einer fehlerhaften Sehentwicklung auftreten und zu Problemen der visuellen Wahrnehmung und Sehverarbeitung führen. Optometrisches Visualtraining ist die praktische Ausübung der Funktional-Optometrie zur Verbesserung der visuellen Wahrnehmung und visuellen Verarbeitung aufgrund der durch die Messungen und Testverfahren erhaltenen Daten und Informationen." (Definition nach Wilfried Steiper auf der Website der Wissenschaftlichen Vereinigung der Augenoptiker und Optometristen WVAO, http://www.wvao.org/ Stand: 21.12.2011)

Die Behandlung durch einen Funktionaloptometristen muss privat finanziert werden.

- *Internet:*
  www.wvao.org, hier kann man nach Optometristen suchen
- *Verband:*
  WVAO Geschäftsstelle
  Mainzer Strasse 176
  55124 Mainz
  Tel.: 06131 / 61 30 61
  Fax: 06131 / 61 48 72
- *eMail:* info@wvao.org

Visualtherapeuten, meist Augenoptikermeister mit entsprechender Weiterbildung, untersuchen nicht die Sehschärfe im klassischen Sinn, sondern die Funktion des Sehens. Jede Funktion, wie zum Beispiel das Scharfstellen auf verschiedene Entfernungen in kurzer Zeit (Abschreiben von der Tafel in der Schule) muss von allen Menschen erst erlernt werden. Durch vielfältige Störungen in der Lernphase haben gerade Frühgeborene oft Schwierigkeiten damit. Dazu kümmern sich Visualtherapeuten unter anderem um visuelle Wahrnehmungsstörungen. Frühgeborene, die einen Optometristen besuchen, haben oft Konzentrations-

und Aufmerksamkeitsprobleme, Schwierigkeiten beim Lesen und Schreiben und dadurch bedingte schulische Probleme.

Patienten wird entweder eine Brille für Winkelfehlsichtigkeit angepasst oder ein Visualtraining angeboten, bei dem wesentliche Anforderungen immer wieder (auch zu Hause!) geübt werden.

Oft werden Kinder auf Anraten von anderen Therapeuten beim Optometristen vorgestellt. Während Eltern durchaus von Verbesserungen der vorhandenen Schwierigkeiten bei der Therapie berichten, sind Augenärzte oft skeptisch, da Therapieerfolge bisher wissenschaftlich nicht nachgewiesen sind. Bevor man einen Visualtherapeuten aufsucht, sollten die Augen des Patienten beim Augenarzt sorgfältig untersucht worden sein, um organische Ursachen auszuschließen. Ein (schriftlicher) Behandlungsplan und ein definiertes Ziel für den Therapieerfolg sollte bei allen Therapieformen mit Patienten und Eltern besprochen werden. Und – auch das gilt für alle Therapeuten – die Mitgliedschaft in einem Verband ist ein positives Zeichen.

Musiktherapie

„Musiktherapie ist der gezielte Einsatz von Musik im Rahmen einer therapeutischen Behandlung zur Wiederherstellung, Erhaltung und Förderung seelischer, körperlicher und geistiger Gesundheit.“ (Definition der Deutschen Musiktherapeutischen Gesellschaft)

Musiktherapie kann im Rahmen einer Kinder- und Jugendpsychiatrie verordnet werden. Je nach Bundesland ist es auch möglich, die Therapie über einen öffentlichen Kostenträger im Rahmen einer Eingliederungshilfe (Antragsverfahren) abzurechnen. Hierzu kontaktiert man am besten den ausgewählte Musiktherapeuten. Außerdem gibt es die Möglichkeit, Musiktherapie privat zu bezahlen.

- *Internet:*
  www.musiktherapie.de, hier findet man auch Praxisanzeigen niedergelassener Musiktherapeuten
- *Verband:*
  Deutsche Musiktherapeutische Gesellschaft (DMtG) Bundesgeschäftsstelle: Naumannstrasse 22, 10829 Berlin Tel: 030/ 29492493,
  Email: info@musiktherapie.de
- *Buchtipp:*
  Nöcker-Ribaupierre, Dr. Monika, Förderung frühgeborener Kinder mit Musik und Stimme, Verlag Reinhardt, München 2004

In der Arbeit mit frühgeborenen Kindern wird Musiktherapie einerseits in Kliniken bei Säuglingen und ihren Eltern eingesetzt. Sie kann Stress für die Frühchen abbauen helfen, die Sauerstoffsättigung des Blutes und die Gewichtszunahme verbessern sich (Quelle: DMtG). Auch die Bewältigung des Traumas der zu frühen Geburt für Eltern und Kind kann ein Ziel der musiktherapeutischen Behandlung sein. Eine Liste der Kliniken, in denen Musiktherapie angeboten wird, findet man auf der Homepage der DMtG.

Auch ältere frühgeborene Kinder, die unter Reife- oder Entwicklungsverzögerungen und den sich daraus ergebenden motorischen, sensorischen oder kognitiven Problemen leiden, soziale oder emotionale Schwierigkeiten haben, können von Musiktherapie profitieren. Vor- und Grundschüler stellen sich mit vor allem sozi-emotionalen Schwierigkeiten, Konzentrationsschwierigkeiten und auch auditiven Wahrnehmungsstörungen bei der Musiktherapie vor.

Musiktherapie soll den Kindern helfen, Vertrauen zu sich und ihren Fähigkeiten zu entwickeln, sie werden dadurch besonders in ihrer sozio-emotionalen Entwicklung unterstützt.

Kunsttherapie

„Kunsttherapie fördert die Fähigkeit des Menschen, seine Umwelt unmittelbar über seine Sinne wahrzunehmen und zu begreifen. Weiterhin setzt sie an einem tiefen Grundbedürfnis des Menschen an, sich gestalterisch auszudrücken und mit sich und anderen in Kontakt zu treten." (Definition des Deutschen Fachverbands für Kunst- und Gestaltungstherapie, www.kunsttherapie.de , Stand: 31.01.2012)

- *Internet:*
  www.kunsttherapie.de (Mitglieder, die ambulante Therapie anbieten findet man unter „Praxis", oder www.dfgkt.de
- *Verband:*
  Deutscher Fachverband für Kunst- und Gestaltungstherapie, Mittenwalderstrasse 59, 10961 Berlin, Tel.: 030 / 61 203 308, email: info@dfkgt.de
- *Buchtipp:*
  Leutkart, Wieland, Wirtensohn-Baader: Kunsttherapie: Aus der Praxis für die Praxis, verlag modernes lernen, Dortmund, 2010

Kunsttherapie wird angewandt bei Störungen der Emotionalität, bei Kindern, die verbal schwer zugänglich sind, zur Konfliktverarbeitung, zur Verarbeitung besonders traumatischer Ereignisse, zum Abbau von ängstlichem Verhalten, bei Konzentrationsschwierigkeiten, bei Essstörungen, bei schwachem Selbstvertrauen und psychosomatischen Erkrankungen.

Kunsttherapie hat zum Ziel, dem Klienten erweiterte Ausdrucksmöglichkeiten zur Verfügung zu stellen und außerdem Selbstvertrauen, Selbstständigkeit, Konzentration und Kommunikationsfähigkeit zu stärken.

Literatur:

- Ronald G. Schmid: Fördern-Heilen-Stärken, ISBN 3-922917-55-0

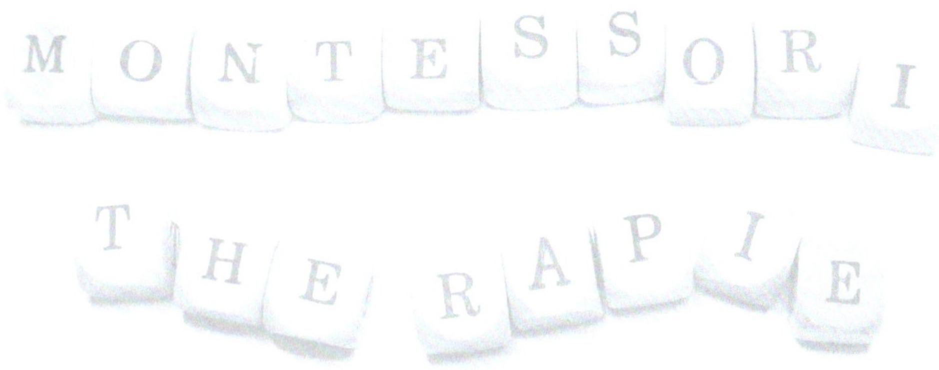

Montessoritherapie

Grundlage der Montessoritherapie ist die Montessoripädagogik. Die Montessoripädagogik soll Kindern helfen, geistige, soziale und motorische Fähigkeiten selbst zu entwickeln („Hilf mir, es selbst zu tun!"). Mit verschiedenen Materialien wird dies den Kindern ermöglicht, sozusagen durch die Schaffung eines passenden, anregenden Umfelds. Die Materialien betreffen die Bereiche: Übungen des praktischen Lebens, Sinnesmaterial, Sprachmaterial, Mathematikmaterial, Kosmisches Material. Elemente aus dem Mathematikmaterial werden beispielsweise für die Therapie einer Rechenschwäche auch außerhalb klassischer Montessoripädagogik angewandt. In der Montessoritherapie werden die Materialien an die Schwächen des Kindes angepasst. Es wird in besonderer Weise auf die Mitarbeit der Eltern wert gelegt.

Die Montessori-Therapie ist eine eigenständige Therapiemaßnahme. Die Kostenübernahme durch die Krankenkassen, der öffentlichen Jugendhilfe oder im Rahmen der Eingliederungshilfe ist vom jeweiligen Einzelfall abhängig. Es empfiehlt sich daher, mit dem Montessoritherapeuten über die Möglichkeiten der Kostenübernahme zu sprechen. Natürlich ist es auch möglich, die erforderlichen Kosten selbst (Privatrechnung) zu tragen.

- *Internet:* www.montessori-berufsverband.de
- *Verband:*
  Montessori-Berufsverband, c/o Marion Krettner-Suttor, Steinbach 2, 84512 Mengkofen, info@montessori-berufsverband.de
- *Buchtipp:*
  Anderlik, Lore: Ein Weg für alle – Leben mit Montessori, verlag modernes lernen, Dortmund, 5. Auflage 2011

Montessoritherapie wird zum Beispiel bei Verhaltensauffälligkeiten, Interaktionsstörungen, Entwicklungsverzögerungen, Sprachentwicklungsauffälligkeiten, Lernbehinderungen und Dyskalkulie angewandt. Montessoritherapeuten arbeiten in freien Praxen, Sozialpädiatrischen Zentren und anderen pädagogischen Einrichtungen.

Kinesiologie

Kinesiologie ist eine Methode, Blockaden sowie Stressreaktionen abzubauen, Potenziale zu fördern und das Wohlergehen, die Gesundheit, die Leistungsfähigkeit und Lebensqualität zu verbessern. (Definition nach Klaus Wienert, Deutsche Gesellschaft für Angewandte Kinesiologie)

Der Besuch bei einem Kinesiologen muss privat finanziert werden.

- *Internet:* www.dgak.de , hier kann man nach Kinsesiologen suchen
- *Verband:*
  Deutsche Gesellschaft für Angewandte Kinesiologie e. V.
  Dietenbacherstr. 22, 79199 Kirchzarten, Tel.:07661 / 980756, Fax:07661 / 9 831827
- *eMail:* info@dgak.de
- *Buchtipp:*
  Koneberg, Förder: Kinesiologie für Kinder, Gräfe und Unzer Verlag, München, 2009

Der Grundgedanke der Kinesiologie ist, dass Bewegung nicht nur das Befinden beeinflusst, sondern auch die Fähigkeit zu denken. Kinder lernen Stress abzubauen, um den äußeren Anforderungen ihres Lebens besser entsprechen zu können. Gibt es Schwierigkeiten, zum Beispiel das Lernen betreffend, geht man in der Kinesiologie davon aus, dass dies durch die Blockierung bestimmter Muskeln ausgelöst wird.
Ein kinesiologischer Lernberater wird mit Hilfe eines Muskeltests herausfinden, wo die Blockaden im Einzelfall liegen und passende kinesiologische Übungen aussuchen.

Die Methoden der Kinesiologie sind wissenschaftlich und medizinisch nicht anerkannt, da bisher kein wissenschaftlicher Nachweis über ihre Wirksamkeit erbracht werden konnte.

Literatur:

- Koneberg, Förder: Kinesiologie für Kinder: Wie Sie Lernblockaden abbauen, Gräfe und Unzer Verlag GmbH, München 2009

Lerntherapie

Lerntherapeuten diagnostizieren und erfassen Lernstrukturen, auf deren Basis sie Therapiepläne erstellen. Sie fördern Kinder und Jugendliche und beraten Eltern und Lehrkräfte. Neben dem Vermitteln von Wissen und erfolgreichem Lernverhalten steht für sie die Stabilisierung der Persönlichkeit im Mittelpunkt. Der Beruf des Lerntherapeuten ist in Deutschland nicht gesetzlich geschützt. Bei der Auswahl eines Therapeuten muss daher besonderes Augenmerk auf seine Qualifikation gelegt werden.

Die Kosten für Lerntherapie müssen privat bezahlt werden. In besonders schweren Fällen kann Unterstützung durch das Jugendamt beantragt werden.

- *Internet:* www.lerntherapie-fil.de mit Mitgliedersuche
- *Verband:*
  Fachverband für integrative Lerntherapie e.V. Mittelheide 1,49124 Georgmarienshütte
- *eMail:* gstelle@lernfil.de
- *Internet:* www.bvl.legasthenie.de
- *Verband:*
  Bundesverband Legasthenie und Dyskalkulie e.V. Postfach 201338, 53143 Bonn
- *eMail:* info@bvl-legasthenie.de
- *weitere Internetseiten:*
  www.dyskalkulie.de Verein für Lerntherapie und Dyskalkulie e.V.

Lerntherapeuten haben in der Regel eine Fortbildung im Bereich Lerntherapie gemacht, sie kommen aus den verschiedensten Bereichen: Lehrer, Pädagogen, Sozialpädagogen, Erzieherinnen, Psychologen, Ergotherapeuten, Heilpädagogen, Heilpraktiker, Logopäden und andere.

Manche Lerntherapeuten bieten spezielle PC Lerngrogramme oder Methoden aus Bereichen wie Kinesiologie, Verhaltens- oder Gestalttherapie und anderen, an.

Im Gegensatz zur Nachhilfe sind Lerntherapeuten speziell geschult, um den Kindern zu helfen, die Grundlagen des Lernens zu begreifen. Nachhilfe kann dagegen angebracht sein, um Wissenslücken, die durch Krankheit oder andere Umstände entstanden sind, zu schließen.

Eltern Frühgeborener sollten darauf achten, dass das Angebot einer Praxis den besonderen Bedürfnissen des Kindes entspricht. Die Förderung sollte an den Basisfunktionen für das Lernen ansetzen und auf die individuellen Probleme des Kindes eingehen.

Heilpädagogik

„Heilpädagoginnen und Heilpädagogen beraten, fördern, bilden und begleiten Menschen mit Beeinträchtigungen und deren soziales Umfeld.“ (Definition von der website des Fachverbands für Heilpädagogik www.bhponline.de , Stand 06.01.2012

Die Finanzierung einer heilpädagogischen Behandlung kann im Rahmen der Betreuung zum Beispiel durch eine Frühförderstelle sichergestellt werden. Bei niedergelassenen Heilpädagogen kann ein Antrag auf Kostenübernahme durch einen öffentlichen Kostenträger gestellt werden.

- *Internet:* www.bhponline.de
- *Verband:*
  Berufsverband der Heilpädagoginnen und Heilpädagogen Fachverband für Heilpädagogik (BHP) e. V.
  Michaelkirchstrasse 17/18
  10179 Berlin
  Tel.: 030/ 40 60 50 69
- *eMail:* info@bhponline.de

Heilpädagogen und -pädagoginnen erziehen, fördern und unterstützen Menschen jeden Alters, die unter erschwerten Bedingungen und mit Beeinträchtigungen leben, z. B. Kinder, Jugendliche und Erwachsene mit geistiger Behinderung, Sinnes- und Mehrfachbehinderung oder chronischen Erkrankungen sowie Kinder und Jugendliche mit emotionalen und mit Verhaltensstörungen. Durch den Einsatz entsprechender pädagogischer und therapeutischer Maßnahmen fördern sie vorhandene Fähigkeiten und beugen Behinderung und sozialer Ausgrenzung vor.

Heilpädagogen und -pädagoginnen arbeiten z. B. in Wohn- und Pflegeheimen sowie Tagesstätten für Menschen mit Behinderung. Auch in Einrichtungen der Kinder- und Jugendhilfe (Beratungsstellen, teilstationäre und stationäre Einrichtungen) sind sie beschäftigt. Kliniken und Therapiezentren, Gemeinschaftspraxen, Kindergärten und -horte zählen ebenfalls zu den einschlägigen Arbeitsstellen. Mit Frühgeborenen arbeiten Heilpädagogen in Frühgeborenenstationen, Frühförderstellen und Sozialpädiatrischen Zentren, aber auch in Praxen, Kindergärten und vielen anderen ambulanten und stationären Einrichtungen. (Quelle: Bundesagentur für Arbeit: Heilpädagoge/Heilpädagogin)

Heilpädagogen legen besonderen Wert auf interdisziplinäre Zusammenarbeit mit Ärzten, anderen Therapeuten und Betreuungspersonen.

„Als Heilpädagogin empfehle ich den Eltern gezielt nach einem Kinderarzt zu suchen, der Erfahrung mit Frühgeborenen hat, da die meisten Fördermaßnahmen vom Kinderarzt angeregt werden."

Therapeutisches Reiten

Durch den Umgang mit speziell ausgebildeten Therapiepferden fördern Reittherapeuten unter pädagogischen und psychologischen Zielsetzungen Kinder und Jugendliche mit Verhaltensauffälligkeiten und anderen sozialen und psychosozialen Problemen. Sie arbeiten hauptsächlich in heilpädagogischen und therapeutischen Einrichtungen, in Heilpraktikerpraxen oder in Pflegeeinrichtungen. (Quelle: Bundesagentur für Arbeit:
Reittherapeut/in www.arbeitsagentur.de/berufenet Stand 01.02.12)

Als Zusatzangebot bei manchen Institutionen der Kinder- und Jugendhilfe können die Kosten für therapeutisches Reiten übernommen werden. Meist müssen die Kosten jedoch privat getragen werden.

- *Internet:* www.dkthr.de
- *Verband:*
  Deutsches Kuratorium für therapeutisches Reiten e. V. Geschäftsführender Vorstand, Freiherr-von-Langen-Strasse 8a, 48231 Warendorf, Tel.:02581 / 9279191, email: dkthr@fn-dokr.de

Beim heilpädagogischen Reiten werden die Kinder körperlich, emotional, geistig und sozial gefördert. Dabei fördert der direkte Kontakt mit dem Pferd, dem Therapeuten und anderen Menschen die Kinder in verschiedenen Bereichen, wie Selbstvertrauen, Teamfähigkeit, Rücksichtnahme, Einfühlungsvermögen. Aber auch körperliche Aspekte werden nicht vergessen, da das Reiten den gesamten Bewegungsapparat schult.

4.2 Leitfäden für Gespräche

Leitfaden Gespräch mit Erziehern

- Welche Stärken sieht die Erzieherin beim Kind?
- Wo besteht Förderbedarf?
- Wie kann im Kindergarten auf den Förderbedarf reagiert werden?
- Welche Erwartungen stellt der Kindergarten an die Eltern?
- Welche Erwartungen stellt der Kindergarten an behandelnde Therapeuten?
- In welchen Bereichen hat sich das Kind seit dem letzten Gespräch verbessert?
- Gibt es Auffälligkeiten im grobmotorischen Bereich? (z. B. schaukeln, Benutzung von „Fahrzeugen“, Ballspiel, Ausdauer)
- Gibt es Auffälligkeiten im feinmotorischen Bereich? (z. B. malen, schneiden, basteln, Knöpfe schließen, Perlen auffädeln)
- Gibt es Auffälligkeiten im kognitiven Bereich? (z. B. Konzentration, Verständnis von Spielanleitungen, Merkfähigkeit)
- Gibt es Auffälligkeiten im sprachlichen Bereich? (z. B. Wortschatz, Sprachfluss, verständliches Wiedergeben eigener Ideen)
- Gibt es Auffälligkeiten im sozialen Bereich?
- Spielt das Kind nur mit älteren / jüngeren Kindern?
- Ist das Kind häufig in Streit verwickelt? In welchen Situationen kommt es zum Streit?
- Kann es Regeln einhalten und ein Spiel fair verlieren?
- Wie ist das Spielverhalten des Kindes?
- Spielt es Rollenspiele?

- Initiiert es Spielsituationen? Bringt es eigene Ideen ein?
- Spiel es überwiegend allein mit Spielmaterial?
- Nimmt es an angeleiteten Gruppenspielen teil?
- Vermeidet das Kind einzelne Aktivitäten komplett?
- Kennt das Kind den üblichen Tagesablauf und findet es sich darin zurecht?
- Ist das Kind altersentsprechend selbständig?
- Zieht es sich selbständig an- und aus? Gelingt dies auch in Situationen mit vielen Ablenkungsfaktoren (z. B. vor dem Sport in der Umkleide?)
- Sucht es selbständig die Toilette auf?
- Übernimmt es ihm zugeteilte Aufgaben?
- Kann es seine eigenen Wünsche und Bedürfnisse äußern?
- Beteiligt sich das Kind aktiv an Gesprächen im Gruppenkreis?
- Schildern Sie, was das Kind Ihnen zu Hause vom Kindergarten erzählt. Teilweise können Kinder z. B. zu Hause die Geschichte, die im Kindergarten erzählt wurde, vollständig nacherzählen, obwohl sie im Anschluss keine Fragen der Erzieherin beantworten konnten.
- Lassen Sie sich im Kindergarten entstandene Bilder oder das Material des Vorschul-Unterrichts zeigen! Bitten Sie die Erzieher um eine Einschätzung hinsichtlich Leistung und Sorgfalt. Dabei sollte aber auch die Situation berücksichtigt werden, in der das Bild entstanden ist!
- Bringen Sie Notizen aus den Gesprächen mit behandelnden Therapeuten mit zum Erziehergespräch. Oft sind die Therapeuten bereit, telefonischen Kontakt zum Kindergarten aufzunehmen – sprechen Sie diese Möglichkeit jedoch immer vorher mit der Erzieherin ab. Denken Sie daran, am besten beiden Seiten eine Schweigepflichtentbindung zu geben!

Leitfaden für Lehrergespräche

- Welche Stärken sieht die Lehrperson?
- Wo besteht Förderbedarf?
- Wie kann die Lehrperson auf diesen Förderbedarf eingehen?
- Welche Erwartungen stellt die Lehrperson an die Eltern?
- Welche Erwartungen stellt die Lehrperson an ggf. behandelnde Therapeuten?
- Wie ist der Stand in den einzelnen Fächern?
- Ist das Kind im Zahlenraum sicher?
- Liest es altersentsprechend?
- Schreibt es die Buchstaben und Zahlen richtig?
- Kann es adäquat auf Fragen antworten?
- Beteiligt sich das Kind aktiv am Unterrichtsgeschehen?
- Zeigt das Kind eine ausreichende Konzentrationsleistung?
- Kann das Kind das Arbeitstempo der Klassenkameraden halten?
- Gibt es motorische Auffälligkeiten (z. B. Stifthaltung, motorische Unruhe, Probleme im Sportunterricht)?
- Ist das Kind im Klassenverband integriert?
- Hat es feste Freunde?
- Gibt es Konflikte mit einzelnen Mitschülern?
- Wie verbringt das Kind die Pausen?
- Ist es im Klassenverband beliebt?
- Nehmen Sie ggf. das Zeugnis mit zum Lehrergespräch, vor allem solange es eine schriftliche Bewertung gibt. Lassen Sie sich mehrdeutige Formulierungen wie „teilweise", „bemüht" oder „manchmal" erklären. Machen Sie sich dazu am besten eine Kopie, in der Sie unklare Stellen farbig markieren können!
- Erkundigen Sie sich nach dem durchschnittlichen Leistungsstand der Klasse. Es kann sein, dass die Notenvergabe vom Klassendurchschnitt abhängt. In einer leistungsstarken Klasse kann es somit schwerer sein, gute Noten zu erzielen. Die Lehrerin sollte dennoch den individuellen Leistungsstand des Kindes benennen können.

- Lassen Sie sich die Stärken und Schwächen Ihres Kindes in dem Kombinationsfach „Heimat- und Sachkunde“ erklären. Bedenken Sie, dass sich dieses Fach ab der 5. Klasse in die Fächer Chemie, Biologie, Physik, Geschichte und Erdkunde aufspaltet.
- Bringen Sie ggf. Notizen aus den Gesprächen mit behandelnden Therapeuten mit zum Lehrergespräch. Oft sind die Therapeuten bereit, telefonischen Kontakt zur Lehrperson aufzunehmen – sprechen Sie diese Möglichkeit jedoch immer vorher mit der Lehrperson ab. Denken Sie daran, am besten beiden Seiten eine Schweigepflichtsentbindung zu geben!

Leitfaden für Gespräche mit Therapeuten

- Welche Behandlungsschwerpunkte stehen zur Zeit im Vordergrund?
- Wo sieht der Therapeut die Stärken des Kindes?
- Welche Ziele verfolgt der Therapeut?
- Wenn es irgendwie möglich ist, versuchen Sie, sich an der Zielformulierung zu beteiligen! Achten Sie zudem darauf, dass die Ziele konkret sind und am besten so gewählt werden, dass Sie sie im Alltag überprüfen können! Notieren Sie die Ziele für sich selbst, damit Sie in weiteren Gesprächen darauf Bezug nehmen können!
- Erkundigen Sie sich, ob Sie durch häusliche Übungen den Therapieprozess begleiten können. Lassen Sie sich dazu stets anleiten. Es sollte nicht Ihre Aufgabe sein, selbst die passende Übung für Ihr Kind zu finden. Geben Sie allerdings auch Rückmeldung, wenn der zeitliche Aufwand für häusliche Übungen zu groß ist, Sie sich überfordert fühlen oder das Kind zu Hause nicht bereit ist, die Übungen durchzuführen.
- Erkundigen Sie sich, ob der Therapeut bei Bedarf bereit wäre, Kontakt zum Kindergarten / zur Lehrkraft aufzunehmen. Üblicherweise wird er dazu eine Schweigepflichtentbindung von Ihnen verlangen.
- Ist Ihr Kind bei verschiedenen Therapeuten in Behandlung, kann es sinnvoll sein, wenn sich diese absprechen. Auch in diesem Fall ist eine Schweigepflichtentbindung notwendig! Denken Sie daran, die Kontaktdaten der verschiedenen Therapeuten bereit zu halten.
- Lassen Sie sich ggf. Testergebnisse erklären.
- Lassen Sie sich Fachbegriffe erklären, wenn Sie Ihnen nicht geläufig sind!
- Erkundigen Sie sich, ob man Ihnen Informationsmaterial aushändigen kann.
- Nehmen Sie ggf. Notizen aus Gesprächen mit der Schule oder dem Kindergarten mit, vor allem, wenn dort Erwartungen an den behandelnden Therapeuten formuliert werden.
- Halten Sie wichtige Arztbriefe, Berichte von Therapeuten oder Zeugnisse (ggf. in Kopie) bereit, wenn Sie darauf Bezug nehmen wollen. Erkundigen Sie sich ggf. vorab, ob der Therapeut irgendwelche Dokumente einsehen möchte. Bedenken Sie, dass Sie nicht verpflichtet sind, diese auszuhändigen!
- Nicht alle Therapeuten händigen den Angehörigen Berichte aus. Sollten Sie dennoch ein Exemplar des Therapieberichts benötigen, fragen Sie beim verordnenden Arzt nach. Dieser wird Ihnen in der Regel eine Kopie aushändigen!

- Die Therapie sollte mit einem Abschlussgespräch enden, in dem der Therapieverlauf kurz zusammengefasst und an Hand der Ziele evaluiert wird. Der verordnende Arzt sollte einen Abschlussbericht erhalten.
- Hat ein Therapeut Ihr Kind längere Zeit behandelt, sollte er, bzw. die Praxis, auch nach Abschluss der Behandlung für Fragen und Informationen zur Verfügung stehen!

4.3 Punkteplan / Verstärkersysteme

Verstärkung ist ein Begriff aus der Psychologie und der Verhaltensbiologie, der ein Ereignis beschreibt, das die Wahrscheinlichkeit erhöht, dass ein bestimmtes Verhalten gezeigt wird.

Bei Kindern reicht es manchmal nicht aus, durch Lob dazu zu motivieren, Regeln zu befolgen oder Aufgaben zu erfüllen. Verstärkerpläne sind dann eine Möglichkeit, um die Bereitschaft des Kindes, ein angemessenes Verhalten zu zeigen, zu verbessern. Verstärkerpläne arbeiten mit Tokens. Ein Token ist ein Tauschmittel und kann in unterschiedlicher Form dargeboten werden: als Klebepunkt, auszumalender Punkt, Smiley, Plastikscheibchen oder Glassteinchen. Diese Tokens kann das Kind nach einem vorher festgelegten Plan gegen eine Belohnung (eine Verstärkung) eintauschen.

Positives Verhalten kann aus der Situation heraus oft nicht (ausreichend) belohnt werden. Eine gewünschte Belohnung steht oft nicht unmittelbar zur Verfügung oder kann nicht umgesetzt werden, wenn das Kind gerade das erwünschte Verhalten zeigt. Hier können Tokens die Zeit zwischen erwünschtem Verhalten und Belohnung überbrücken. Zudem bieten Tokens die Möglichkeit, Lob zu visualisieren. Das ist wichtig, da gerade Kinder mit z. B. AD(H)S die soziale Verstärkung ihrer Eltern oder Lehrer nicht in ihrer vollen Wirkung registrieren. Die Bestärkung wird durch das Token-System transparent – die Aufmerksamkeit aller Beteiligten richtet sich auf das positive Verhalten.

Verstärkerpläne setzen voraus, dass das Kind das gewünschte Verhalten für eine gewisse Zeit zeigen kann. Es sollten isolierte Probleme gewählt werden und keine komplexen Verhaltensweisen. Es macht beispielsweise keinen Sinn, mit einem Verstärkerplan erreichen zu wollen, dass das Kind abends selbständig ins

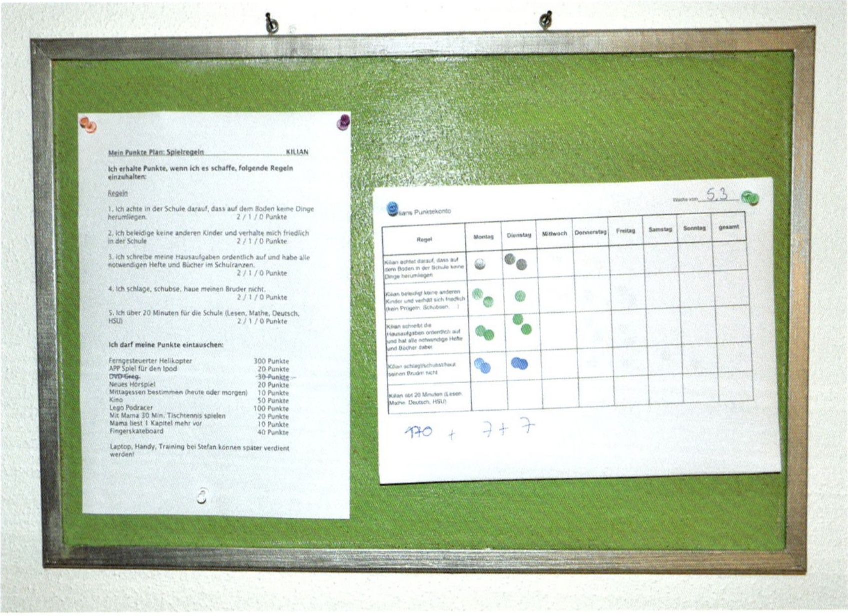

Bett geht. Dieses Ziel enthält zu viele isolierte Probleme auf einmal. Besser wäre es, eins der folgenden Probleme auszuwählen:

- Sich, solange die Sanduhr läuft, die Zähne zu putzen
- Ohne Aufforderung den Schlafanzug anzuziehen
- Die getragene Kleidung an einer bestimmten Stelle abzulegen
- Vom Badezimmer ins Kinderzimmer zu gehen, ohne zu spielen
- Im Bett zu bleiben, wenn ein Elternteil „Gute Nacht" gesagt hat

Die angestrebte Verhaltensänderung sollte möglichst klar definiert sein. Und es muss sich um ein Verhalten handeln, von dem Sie wissen, dass es das Kind mit seinen motorischen und kognitiven Möglichkeiten leisten kann. Zudem sollten Sie am Anfang nur mit einem Problem beginnen. Ein Verstärkerplan kann zur Bestrafung werden, wenn das Kind keine Chance hat, die in Aussicht gestellte Belohnung zu erreichen – sei es, weil das Verhalten vom Kind nicht gezeigt werden kann oder die Anzahl der Tokens bis zur Belohnung zu hoch ist.

Ein Token-System funktioniert nur dann, wenn das Kind weiß, gegen welche Belohnung es die Tokens eintauschen kann. Diese Belohnung muss so attraktiv sein, dass es sich für das Kind lohnt, sich dafür anzustrengen. Eine wichtige Regel bei der Arbeit mit Verstärkerplänen ist die, dass bereits erhaltene Tokens nicht wieder entzogen werden dürfen!

Vorteile von Token-Systemen:

- Verstärkerpläne stellen für Kinder und Eltern **klare Regeln** auf. Sie unterstützen ein systematisches und faires Vorgehen und verhindern, dass Belohnung weniger vom Verhalten des Kindes als von der Stimmungslage der Eltern abhängig ist.
- Die Aufmerksamkeit von Eltern und Kindern richtet sich nicht auf Probleme, sondern auf das erwünschte Verhalten. Eltern müssen aufmerksam bleiben, da sie unmittelbar nach dem positiven Verhalten die Tokens vergeben müssen. Aber auch die Kinder sind darauf bedacht, die Tokens zu bekommen und richten somit ihre eigene **Aufmerksamkeit auf** ihr **positives Verhalten**.
- Da es viele verschiedene Belohnungen gibt, behalten Verstärkerpläne **lange** Zeit ihre **Effektivität**. Zudem sind sie in verschiedenen Situationen einsetzbar.
- Verstärkerpläne sind **leicht umsetzbar**. Die Pläne kann man schnell selbst entwerfen, ein Beispiel finden Sie im Online Material. Die Tokens sind entweder preiswert zu erhalten oder können selbst gemacht werden. Die einzutauschenden Belohnungen können Eltern und Kinder gemeinsam aussuchen.
- Der Einsatz von Verstärkerplänen ist **effektiver als Lob und Aufmerksamkeit allein**. Dadurch erreichen Verstärkerpläne oft schneller und in größerem Ausmaß den gewünschten Erfolg.

Grundsätzlich gelten für den Einsatz von Verstärkerplänen im Kindergartenalter die gleichen Regeln wie im Schulalter. „Bei 15 Glassteinchen gehen wir ein Eis essen“ ist für ein jüngeres Kind allerdings eine sehr ungenaue Aussage, weil es sich unter Umständen unter der Zahl 15 noch keine Menge vorstellen kann. Es müsste nun jedes Mal nachzählen, wie viele Steinchen es schon hat und hätte vielleicht trotzdem keine Vorstellung davon, wie viele noch fehlen. Die Gefahr ist groß, dass die Motivation, das gewünschte Verhalten zu zeigen, dadurch schnell abnimmt. Im Kindergartenalter ist es wichtig, besonders übersichtliche Pläne zu wählen, bei denen das Kind auf einem Blick erkennen kann, wann die Belohnung eingetauscht werden kann. Es empfehlen sich Bilder, bei denen Punkte ausgemalt werden müssen oder Klebebildchen angebracht werden. Ist das Bild voll oder eine bestimmte Markierung erreicht, bekommt das Kind seine Belohnung. Bei Kindergartenkindern sollte zudem auf eine schnelle Erreichbarkeit der Belohnung geachtet werden.

Ab ca. 10 Jahren sollte den Verstärkerplänen eine seriöse Wichtigkeit beigemessen werden. Statt mit Klebepunkten könnte nun beispielsweise mit „Sparbüchern“ gearbeitet werden, in die die Jugendlichen die Tokens schriftlich eintragen und von den Eltern gegenzeichnen lassen.

Da unerwünschtes Verhalten selten nur zu Hause auftritt, machen Token-Systeme auch in **Kindergarten und Schule** Sinn. Am wirksamsten sind die Verstärkerpläne, wenn Eltern und Lehrer an einem Strang ziehen. Dazu sollte, wenn möglich, zu Hause und in der Einrichtung mit dem gleichen Plan gearbeitet werden. In Kindergarten und Schule können natürlich andere Sonderbelohnungen attraktiv sein: z. B. besondere Dienste, Spielmaterial, das nicht immer zur Verfügung steht, von der Erzieherin eine Geschichte vorgelesen bekommen, Botengänge erledigen dürfen. Die Anwendung des Verstärkerplans in der Schule sollte zunächst in einer klar vereinbarten Unterrichtsstunde beginnen und sich auf Situationen mit Frontalunterricht beziehen. Die Lehrkraft vergibt die Tokens am Ende der Unterrichtsstunde.

Entwicklung eines Verstärkerplans:

1. **Identifizieren Sie ein möglichst konkretes Problemverhalten das verändert werden soll.** Bei dem ausgewählten Problem sollte es sich nicht um das am stärksten ausgeprägte Problemverhalten des Kindes handeln. Es sollte den Eltern dennoch wichtig sein, das ausgewählte Verhalten zu verändern

2. **Beschreiben Sie das Problemverhalten und die Häufigkeit in der es auftritt.** Um ein Token-System einführen zu können, muss zunächst das bestehende Problemverhalten klar definiert werden: welches Verhalten funktioniert in welcher Art und Weise nicht? Es ist z. B. unzureichend zu sagen „Martin ist abends unfolgsam". Besser ist: „Martin beginnt nach dem Zähneputzen nochmals zu spielen, obwohl er ins Bett gehen soll." Für die spätere Tokens-Vergabe ist zudem wichtig, zu überlegen, wie regelmäßig das unerwünschte Verhalten auftritt. Immer? Jeden zweiten Abend? Häufiger oder seltener als jeden zweiten Abend?

3. **Beschreiben Sie das unproblematische Verhalten, wählen Sie eine positive Beschreibung des Verhaltens.** Das unproblematische Verhalten sollte nicht einfach nur die Umkehrung des Problemverhaltens sein. „Martin ist abends nicht unfolgsam" ist eine unzureichende Formulierung. Besser geeignet wäre: „Martin begibt sich nach dem Zähneputzen in sein Zimmer und zieht sich dort den Schlafanzug an. Anschließend legt er sich ins Bett und bleibt dort." Möglichst klare Definitionen sind wichtig, damit später keine Meinungsverschiedenheiten auftreten, wenn Tokens vergeben werden sollen.

4. **Wählen Sie die Art des Tokens aus.** Im Anschluss an das erwünschte Verhalten soll das Kind von nun an einen Token bekommen. Es sollte sich daher um etwas handeln, das schnell und günstig zu Hand ist. Es

eignen sich Klebepunkte, Stempel, Glassteinchen oder vorgezeichnete Punkte, die ausgemalt werden. Sie können auch gemeinsam eine Schachtel basteln, die als Schatztruhe für Glassteinchen dient. Eine Anleitung für Schachteln aus Wellpappe finden Sie im Kapitel 4.4.

5. **Definieren Sie die Verhaltensweise, die unmittelbar belohnt werden soll.** Aus der Beschreibung des gewünschten Verhaltens ergibt sich nun die konkrete Verhaltensweise, für die das Kind unmittelbar mit einem Token belohnt werden soll. Im Beispiel der Zu-Bett-geh-Situation bietet es sich an, mehrere Tokens für die Einzelhandlungen zu vergeben. Also ein Token dafür, dass Martin nicht wieder anfängt zu spielen, ein Token für das Anziehen des Schlafanzugs ohne Aufforderung und ein dritter für das Im Bett bleiben. Die Maximalzahl der Punkte für eine Verhaltensweise sollte klar definiert werden! Komplexe Verhaltensweisen in kleinen Einheiten zu belohnen ist wichtig, da das Kind sonst nicht für jedes erwünschte Verhalten belohnt wird. Außerdem besteht bei einem einzigen Token für die ganze Situation die Gefahr, dass das Kind durch ein zwischenzeitliches Problemverhalten gar kein Token erhält.

6. **Legen Sie fest, welche Belohnungen in Frage kommen.** Die Belohnung (Verstärkung) ist das, was das Kind im Tausch für seine Tokens erhält. Gemeinsam mit dem Kind sollte eine Wunschliste mit fünf bis zehn möglichen Belohnungen erstellt werden. Die Liste sollte sich danach richten, was sich das Kind von den Eltern wünschen würde und was einen besonderen Reiz darstellen könnte. Es sollte sich nicht nur um materielle Verstärker handeln (Süßigkeiten, Sammelkarten, Playmobil-Figuren, Lego-Bausteine, Puppenkleidung) sondern auch um gemeinsame Aktivitäten. So könnte es für Kinder einen hohen Reiz haben, eine längere Gute-Nacht-Geschichte vorgelesen zu bekommen, ein besonderes Spiel mit Mama und Papa spielen zu können, einen Ausflug zu machen oder bei Oma übernachten zu dürfen. Auf dem Wunschzettel sollten Belohnungen mit unterschiedlichem Wert stehen, damit das Kind entscheiden kann, ob es bereits für weniger Tokens eine kleine Belohnung (z. B. Bettgeschichte) haben möchte oder ob es für eine größere Belohnung (z. B. Kinobesuch) mehr Tokens ansammeln möchte. Ganz große Wünsche (Geburtstags- oder Weihnachtswünsche) sowie notwendige Gegenstände wie Kleidung oder Schulbedarf sollten nicht als Sonderbelohnung angesetzt werden!

7. **Bestimmen Sie, wie viele Tokens für eine Sonderbelohnung eingetauscht werden müssen.** Die Zahl der Tokens, die eingetauscht werden müssen, sollte von der Zahl der Tokens abhängen, die das Kind pro Tag

erhalten kann. Für eine kleine Verhaltensverbesserung sollte sich das Kind abends bereits eine kleine Belohnung eintauschen können, wenn es möchte. Daher sollte man von in etwa der Hälfte der maximal am Tag zu erreichenden Tokens ausgehen. Die Hürde zu einer kleinen Belohnung darf nicht zu hoch sein! Das Kind verliert sonst die Motivation, sein Verhalten zu ändern. Es ist durchaus sinnvoll, die Kinder mitentscheiden zu lassen, wie viele Tokens für eine Belohnung fair wären. Um Meinungsverschiedenheiten vorzubeugen, sollten die Belohnungen und die dafür notwenigen Tokens auf dem Verstärkerplan schriftlich festgehalten werden!

Überlegen Sie sich nun eine passende **Gestaltung** und einen passenden Ort für den Verstärkerplan und bringen Sie den Plan an. Bei der Auswahl der Tokens und der Gestaltung des Verstärkerplanes sollte auf die Interessen und Wünsche des Kindes Rücksicht genommen werden. Es gibt die Möglichkeit, auf fertige Pläne zurückzugreifen oder selbst ein Plakat zu gestalten, auf dem auch die Regeln für den Eintausch festgehalten werden. Das Plakat oder der Plan sollte einen festen Platz in der Wohnung bekommen. Einigen Kindern ist es unangenehm, wenn Besucher den Plan sehen können, andere sind stolz wenn sie ihre gesammelten Tokens präsentieren können.

Erinnern Sie das Kind an den Punkteplan, wenn üblicherweise problematische Situationen bevorstehen. Vor Beginn einer Situation, in der sich das Kind gewöhnlich problematisch verhalten hat, sollte es an den Verstärkerplan und die Tokens, die es sich nun verdienen kann, erinnert werden. Die Eltern sollten dabei nicht drohen und die Möglichkeit in den Raum stellen, dass das Kind die Tokens nicht erreichen wird, sondern sie sollten dem Kind Mut machen. Dazu ist es sinnvoll, das erwünschte Verhalten nochmals zu beschreiben.

Loben und belohnen Sie unmittelbar nach dem erwünschten Verhalten. Direkt nach dem erwünschten Verhalten ist es wichtig, dass die Eltern das Kind loben und mit dem Token belohnen. Sie sollten sich freuen, dass es dem Kind gelungen ist, einen Token zu bekommen und zeigen, dass sie stolz sind, wie unproblematisch die Situation verlaufen ist. Falls das Verhalten nicht so war, dass das Kind ein Token erhalten kann, sollten die Gründe dafür kurz und sachlich dargelegt werden. Für die nächste Situation sollte dem Kind Mut gemacht werden.

Besprechen Sie zum Tagesabschluss, was beim Verstärkerplan gut gelaufen ist. Abends sollte gemeinsam besprochen werden, was beim Verstärkerplan gut funktioniert hat. Oft sind tagsüber die Väter nicht dabei, deshalb macht es Sinn, wenn diese abends einbezogen werden.

Haben Sie keine **zu hohe Erfolgserwartung**. Schon in den ersten Tagen erreichen viele Kinder kleine Verbesserungen in ihrem Verhalten. In den seltensten Fällen wird jedoch an den ersten Tagen sofort die maximale Tokens-Anzahl erreicht werden. Das problematische Verhalten hat sich über lange Zeit aufgebaut und eingespielt – es wird sich nicht über Nacht ändern. Nur wenn an den ersten drei Tagen gar kein Token erreicht werden konnte, sollte der Plan verändert werden. Der Verstärkerplan ist sehr individuell und es besteht durchaus die Möglichkeit, dass er nochmals angepasst werden muss, bevor er richtig funktioniert!

Lassen Sie das Kind die Belohnung eintauschen. Wenn sich das Kind einige Tokens verdient hat, kann es selbst entscheiden, wie es sie eintauschen möchte. Es kann entweder direkt eine kleine Belohnung wählen oder für eine größere Sonderbelohnung sammeln. Eingetauschte Tokens werden durchgestrichen oder zurückgegeben (bei Plastikscheibchen oder Glassteinchen).

Auch wenn es einfach aussieht, ein Verstärkerplan verlangt nicht nur vom Kind eine **Veränderung** seines **Verhaltens**, sondern auch **von den Eltern**. Oft ist es eine Umstellung, die Aufmerksamkeit bewusst auf das positive Verhalten zu lenken, da das negative Verhalten stärker auffällt. Auch das unmittelbare Loben und verstärken sowie das Mut machen vor kritischen Situationen erfordert anfänglich Konzentration. Zudem müssen die Eltern akzeptieren, dass das Token-System auf wenige ganz bestimmte Verhaltensweisen abzielt. Andere Problemsituationen bessern sich dadurch nicht. Es darf daher auch nicht der Versuchung nachgegeben werden, Punkte zu entziehen, wenn sich das Kind in anderen Situationen völlig unerwünscht verhält. Der Verstärkerplan bezieht sich ausschließlich auf die definierten Verhaltensweisen!

Da das Kind immer wieder Sonderbelohnungen eintauscht, müssen von Zeit zu Zeit neue Belohnungen ergänzt werden. So bleibt der Verstärkerplan attraktiv, solange sich die Veränderung des problematischen Verhaltens noch nicht stabilisiert hat. Es ist jedoch möglich, langsam größere Sonderbelohnungen zu wählen, auf die das Kind länger sparen muss. So lernt es, seine Bedürfnisbefriedigung immer weiter aufzuschieben. Wenn einzelne Verhaltensweisen immer häufiger positiv gezeigt werden, können weitere problematische Situationen ergänzt werden. Dennoch sollten nie zu viele Probleme auf einmal im Fokus stehen, da es auch für die Eltern schwer ist, dann noch jedes erwünschte Verhalten angemessen wahrzunehmen und zu loben. Bevor ein Verstärkerplan völlig beendet wird, sollte das ehemals problematische Verhalten ca. zwei Monate lang nicht mehr aufgetreten sein. Erst dann sollte das Token-System langsam beendet werden. Dies ist notwendig, da das problematische Verhalten vorher meist sehr lange vorhanden war und erst eine Stabilisierung notwendig ist. Um den Verstärkerplan zu beenden, kann nun auf komplexere Situationen gewechselt werden. Bekam das Kind vorher drei Tokens, wenn es sich bettfertig gemacht hatte, be-

kommt es nun für den ganzen Ablauf nur einen Token. Die Eltern sollten dabei dennoch zwischendurch loben. Ziel ist es aber, nicht mehr alle Verhaltensweisen mit Tokens zu verstärken, sondern einen positiven Umgang zwischen Eltern und Kind zu erreichen, bei dem erwünschtes Verhalten durch nur mehr gelegentliche Belohnungen und Vergünstigungen stabilisiert wird.
Wenn das problematische Verhalten nur noch sehr selten oder gar nicht mehr auftaucht, schlafen manche Token-Systeme von allein ein. Die Eltern vergessen, Tokens zu vergeben oder die Kinder denken nicht mehr daran, diese einzutauschen. Bei einer erfolgreichen Stabilisierung des Verhaltens ist dies natürlich und erwünscht! Wenn das System nicht von allein einschläft, kann statt einer Token-Anzahl ein bestimmter Zeitraum vereinbart werden. Zeigt das Kind z. B. über einen Monat hinweg weiter das erwünschte Verhalten, wird eine Sonderbelohnung in Aussicht gestellt. Probeweise kann als nächstes auf den Verstärkerplan verzichtet werden. Wichtig ist dabei dem Kind zu verstehen zu geben, dass es ein großer Erfolg ist, wenn der Verstärkerplan beendet werden kann und dass dieser Erfolg den kindlichen Anstrengungen zu verdanken ist.

Links und Literatur:

- http://www.legasthenieserver.com/AB/pdf/AB-4532-04-015.pdf
- http://www.legasthenieserver.com/AB/pdf/AB-1275-02-001.pdf
- http://www.legasthenieserver.com/AB/pdf/AB-5574-01-003.pdf
- http://www.legasthenieserver.com/AB/pdf/AB-5485-02-049.pdf
- http://www.mehr-vom-tag.de/content/backgrounders/www.concerta.de/belohnungsplan.pdf

- Döpfner, Schürmann, Lehmkuhl: Zappelphillip & Trotzkopf, 4. Auflage: Beltz, Weinheim 2011

Auszeit-Methode

Auszeit (time-out) lässt sich als eine Zeitspanne definieren, in der sich das Kind als Folge eines Problemverhaltens in einer weniger interessanten und verstärkenden Umgebung aufhalten muss. (Döpfner, Schürmann, Fröhlich 2007; Therapieprogramm für Kinder mit hyperkinetischem und oppositionellem Problemverhalten)

Die Auszeit ist ein weitgehend symbolisches, gewaltfreies Erziehungsmittel, das dem Kind mitteilt, dass sein Verhalten im Augenblick inakzeptabel ist und nicht geduldet wird. Während der Auszeit wechselt das Kind von einer verstärkenden, angenehmen und interessanten Umgebung in eine neutrale. Bei Ärger oder Wut bietet die Auszeit allen Beteiligten die Möglichkeit, sich zu beruhigen. Nicht angewendet werden sollte die Auszeit jedoch in Situationen, in denen Anforderungen an das Kind gestellt werden (z. B. Hausaufgaben). Hier kann das Verlassen der Situation für das Kind ein positives Erlebnis sein. Eine Verbesserung des Problemverhaltens ist dann nicht zu erwarten.

Die Auszeit ist gerade für Kindergarten- und Grundschulkinder geeignet, da diese immer wieder in Situationen geraten, in denen sie in ihren Emotionen gefangen sind. Bei Wutausbrüchen, Trotzanfällen oder totaler Überreizung sind manche Kinder für sachliche Argumente oder freundliches Zureden nicht mehr zugänglich. Bei Kindern mit stark ausgeprägtem Problemverhalten, welches die Eltern-Kind-Beziehung bereits stark belastet, sollte die Auszeit-Methode nur in Ausnahmefällen eingesetzt werden. Zunächst sollte ein Token-System eingeführt werden.

Auf alle Fälle ist es wichtig eine Auszeit stets ruhig und in immer der gleichen Weise durchzuführen. Im Vordergrund steht der erzieherische Anspruch, nicht die Strafe. Der Sinn ist, eine Pause zu schaffen, die zu Ruhe und Beruhigung führt. Von der Wut der Eltern darf die Auszeit nicht abhängig sein, nur so bleibt das Verhalten der Eltern bei der Auszeit für das Kind berechenbar.

Wie lang eine Auszeit sein sollte, hängt vom Alter des Kindes ab. Eine Faustregel besagt, dass pro Lebensjahr eine bis zwei Minuten angemessen sind. Für die Auszeit sollten klare Regeln gelten. Wurde die Auszeit-Methode für ein klar definiertes Problemverhalten vereinbart, ist es notwendig, ebenfalls eine Dauer der Auszeit festzulegen. Wird die Auszeit angewendet, um emotional erregte Kinder zur Ruhe zu bringen, kann es sinnvoll sein, die Beendung der Auszeit dem Kind zu überlassen. Es darf dann zurückkommen, wenn es sich beruhigt hat. In jedem Fall sollte die Auszeit auch das Ende von Streit und Ärger bedeuten. Das Kind wird liebevoll aufgenommen und das nächste angemessene Verhalten wird gelobt. So ist es möglich, zwischen negativer und positiver Rückmeldung ein Gleichgewicht zu erhalten. Schließlich soll das Kind trotz Auszeit wissen, dass die Eltern zwar sein Verhalten inakzeptabel finden, nicht aber das Kind als Person missbilligen.

Bevor die Auszeit-Methode für ein klar definiertes Problemverhalten das erste Mal angewandt wird, sollten die folgenden Regeln mit dem Kind durchgesprochen werden. Die Auszeit kann erst sinnvoll eingesetzt werden, wenn das Kind die Regeln kennt und verstanden hat! Zu den Regeln der Auszeit gehört auch, einen Auszeit-Ort zu bestimmen. Dieser sollte folgende Kriterien erfüllen:

- Er darf nicht dunkel oder anders angsteinflößend sein (z. B. Keller).
- Bei der Gefahr von Wutanfällen muss eine Verletzungsgefahr ausgeschlossen werden.
- Das Bett ist ungeeignet, da durch die Assoziation mit Strafe Einschlafprobleme entstehen könnten.
- Der Auszeitraum darf keine interessante Ablenkung bieten (z. B. Kinderzimmer, eingeschaltetes TV-Gerät im Blickfeld, erreichbares Spielzeug).

Regeln für die Durchführung der Auszeit

1. **Geben Sie eine Aufforderung und warten Sie fünf Sekunden ab**
   In den fünf Sekunden hat das Kind Zeit, der Aufforderung nachzukommen. Es sollte nicht laut gezählt werden, da sich Kinder sonst angewöhnen, Aufforderungen stets nur dann zu befolgen, wenn ein Erwachsener zählt.

2. **Kündigen Sie die Auszeit an, wenn die Aufforderung nicht befolgt wurde, und warten Sie erneut fünf Sekunden ab**
   Hat das Kind die Aufforderung innerhalb der fünf Sekunden nicht befolgt, wird Blickkontakt hergestellt und in strengem Tonfall darauf hingewiesen, dass die Auszeit durchgeführt wird, wenn das Kind der Aufforderung jetzt nicht nachkommt. Es hat nun nochmals fünf Sekunden

Zeit, zu tun, was von ihm verlangt wurde. Die Eltern zählen wieder leise im Kopf, nicht laut!

3. **Leiten Sie die Auszeit ein, indem Sie das Kind zum vereinbarten Auszeit-Ort begleiten**
   Blieb auch die zweite Aufforderung unbeachtet, begleiten die Eltern das Kind zum Auszeit-Ort. Das Kind hat nun nicht mehr die Möglichkeit, die Aufforderung doch noch zu befolgen. Viele Kinder bieten dies in der Situation an, wenn sie merken, dass ihrem Verhalten jetzt Konsequenzen drohen. Die Eltern können allerdings in Aussicht stellen, dass die Auszeit nicht lange dauert, wenn sich das Kind jetzt vernünftig verhält. Die Auszeit sollte zu diesem Zeitpunkt aber durchgeführt werden!

4. **Beginnen Sie die Auszeit und nennen Sie die Dauer der Auszeit**
   Am Auszeit-Ort nennen die Eltern noch einmal knapp die vereinbarte Zeit. Dem Kind sollte klar sein, dass die Eltern während der Auszeit nicht zu ihm kommen und dass es den Auszeit-Ort erst verlassen darf, wenn die Zeit abgelaufen ist und es zudem mindestens eine Minute lang ruhig war.

5. **Diskutieren Sie während der Auszeit nicht mit dem Kind**
   Während der Auszeit sollten die Eltern ihrer Tätigkeit nachkommen. Sie müssen zwar ggf. das Kind im Auge behalten, sollten aber nicht mit ihm diskutieren oder reden.

6. **Beenden Sie die Auszeit erst, wenn die notwendigen Bedingungen erfüllt sind**
   Zwei Bedingungen müssen erfüllt sein, bevor die Auszeit beendet wird:
   - Eine vom Alter des Kindes abhängige Mindestzeit sollte erfüllt sein.
   - Mindestens die letzte Minute der Auszeit muss das Kind ruhig gewesen sein. In gravierenden Fällen oder wenn die Auszeit das erste Mal durchgeführt wird, kann die Auszeit dadurch deutlich länger dauern als die vereinbarte Mindestzeit.

7. **Wiederholen Sie die Aufforderung, die zur Auszeit geführt hat**
   Die Auszeit wird beendet, indem die Aufforderung wiederholt wird. Dem Kind wird signalisiert, dass es die Auszeit beenden darf, wenn es bereit ist, zu tun, was schon vor der Auszeit von ihm verlangt wurde. Die Eltern sollten das Kind ermuntern, die Aufforderung nun zu befolgen. Reagiert das Kind mit erneutem Schimpfen oder Verweigerung, wird es wieder in die Auszeit geschickt.

8. **Zeigen Sie dem Kind, dass Sie zufrieden sind, wenn es der Aufforderung nun nachgekommen ist**
   Abwertende oder ironische Kommentare sind dringend zu vermeiden, wenn das Kind nun der Aufforderung nachkommt! Die Eltern sollten vielmehr zum Ausdruck bringen, dass sie zufrieden sind.

9. **Loben Sie das nächste angemessene Verhalten**
   Die Eltern sollten ganz besonders darauf achten, dass das nächste angemessene Verhalten gelobt wird! Das erwünschte Verhalten soll verstärkt werden. Dazu sind Lob und positive Aufmerksamkeit sehr wichtig. Zudem soll das Kind ein ausgewogenes Verhältnis von negativem und positivem Feedback erleben.

Die Auszeit-Methode in der Schule

Die Auszeit-Methode in der Schule einzuführen, macht dann Sinn, wenn einzelne Kinder den Unterricht häufig massiv stören oder zu sehr starken emotionalen Reaktionen neigen, bei denen sie ihr Verhalten nicht mehr regulieren können (vor allem Wutausbrüche). Die Lehrkraft erteilt die Auszeit, diese richtet sich stets nur an ein Kind. Das betroffene Kind muss in letzter Konsequenz den Klassenraum für einige Zeit verlassen.

Soll mit einem Kind in der Klasse die Auszeit-Methode eingeführt werden, so klären Lehrkraft und Schüler in einem persönlichen Gespräch die Regeln. Dabei ist wichtig, dass das störende Verhalten benannt wird. Zudem wird ein Warnsystem in Form einer Ampel eingeführt.

Erste Gelbe Karte:
Zeigt der Schüler das unerwünschte Verhalten, bekommt er von der Lehrkraft ein Signal. Es wird z. B. ein Finger gezeigt, „Eins“ gesagt oder tatsächlich eine Gelbe Karte gezeigt. Warum das Verhalten stört und welche Konsequenzen auf das Kind zukommen, wurde vorab in einem persönlichen Gespräch geklärt. Die Lehrkraft sollte sich daher nur auf das Signal beschränken und das Verhalten nicht kommentieren.

Zweite Gelbe Karte:
Tritt das unerwünschte Verhalten erneut auf, wird nochmals ein Signal gegeben. Die Lehrkraft zeigt also entweder zwei Finger, sagt „zwei“ oder zeigt eine zweite Gelbe Karte. Das Kind weiß nun, dass es eine Auszeit bekommt, wenn es ein weiteres Mal durch sein Problemverhalten auffällt.

Viele Kinder schaffen es, nach der zweiten Ermahnung ihr Verhalten zu regulieren, da sie die unmittelbaren Konsequenzen kennen, die ihr Verhalten mit sich bringt. Ist dies der Fall, sollte das erwünschte Verhalten authentisch gelobt werden.

Rote Karte = Auszeit:
Kann das Kind sein Verhalten nicht regulieren und fällt weiterhin störend auf, beginnt die Auszeit. Das Kind verlässt für einige Zeit den Klassenraum. Die Lehrkraft sollte dabei je nach örtlichen Begebenheiten, Alter des Kindes und Ausmaß des Problemverhaltens entscheiden, wie die Auszeit durchgeführt werden kann. Manchmal reicht es aus, wenn das Kind einige Minuten allein auf dem Gang verbringt. Es muss aber unbedingt gewährleistet sein, dass sich das Kind nicht weit vom Klassenraum entfernt! Auch sollte es sich selbst nicht an Garderobenbänken etc. verletzten bzw. diese in seiner Wut beschädigen können. Es besteht die Möglichkeit, die Auszeit in einer anderen Klasse, im Sekretariat oder ggf. beim Hausmeister durchzuführen, so dass das Kind unter Aufsicht bleibt!

Ende der Auszeit
Lehrkraft und Schüler entscheiden gemeinsam darüber, ob die Auszeit stets eine gewisse Zeit dauert und die Lehrkraft die Auszeit beendet oder ob der Schüler selbständig in den Klassenraum zurückkehren kann, wenn er sich beruhigt hat. Im Schulalltag ist die zweite Art oft sinnvoller, da die Lehrkraft auf diesem Weg durch das Verlassen des Raumes nicht selbst Unruhe in die Klasse bringt. Das Ende der Auszeit sollte stets auch das Ende von Wut und Ärger bedeuten. Das Kind sollte daher freundlich empfangen und dazu ermuntert werden, sich wieder am Unterricht zu beteiligen.

Links und Literatur:

- Döpfner, M., Schürmann, S., Frölich, J.: Therapieprogramm für Kinder mit hyperkinetischem und oppositionellem Problemverhalten. Weinheim, 2007: Beltz-PsychologieVerlagsUnion
- Petermann, Petermann, Training mit aggressiven Kindern: Weinheim, 2008, Beltz-PsychologieVerlagsUnion

4.4 Förderspiele

Zielwerfen

Material: Hula-Hoop-Reifen, Ball

Legen Sie den Hula-Hoop-Reifen auf den Boden, zwischen sich und das Kind. Sie werfen nun den Ball hin und her, lassen ihn dabei jedoch immer einmal im Reifen aufprallen. Das Kind muss also nicht nur werfen und fangen, sondern auch genau zielen, um den Reifen zu treffen. Durch den Aufprall reduziert sich die Geschwindigkeit des Balles, er ist leichter zu fangen. Zudem ändert sich die Richtung. Bälle, die von unten auf das Kind zukommen, lösen weniger Angst aus als Bälle, die direkt auf das Kind zukommen. Kinder trainieren mit dieser kleinen sportlichen Übung ihre Auge-Hand-Koordination, die Planung und Anpassung ihrer Bewegungen und verbessern ihr Selbstvertrauen(durch das Erlebnis beim Ballspiel keine Angst zu haben).

Durch den Feuerreifen steigen

Material: Hula-Hoop-Reifen

Heute findet im Kinderzimmer eine Zirkusvorführung statt. Sie präsentieren: Das mutige Tigerkind, das durch den Feuerreifen steigt!

Halten Sie einen Hula-Hoop-Reifen zunächst knapp über den Boden. Das Kind soll nun durch den Reifen steigen, ohne ihn zu berühren. Dabei muss es seine Bewegungen genau planen und dosiert ausführen. Das erfordert viel Körperspannung! Je höher Sie den Reifen halten, desto schwieriger wird es, hindurch zu steigen ohne den Reifen zu berühren, da nun auch das Gleichgewicht gehalten werden muss. Die akrobatische Übung fördert neben dem Gleichgewicht auch die Bewegungsplanung und die Anpassung der Körperspannung.

Kind auf Schienen

Material: zwei Seile, Malerkrepp-Klebeband

Legen Sie zwei Seile auf dem Boden nebeneinander. Anfangs sollten sie etwa so weit auseinander liegen, dass das Kind hüftbreit steht, wenn es sich auf die Seile stellt. Um es im Verlauf schwieriger zu machen, haben Sie die Möglichkeit, die Seile enger zusammen zu legen. Da die Seile sehr leicht verrutschen, empfiehlt es sich, sie mit Klebeband am Boden zu fixieren. Das Kind stellt sich mit jedem Fuß auf ein Seil und geht so die Strecke ab. Je nach Alter und Leistungsstand des Kindes können Sie die Strecke durch Kurven oder Veränderungen im Abstand der Seile schwieriger gestalten. Diese kleine Übung hat einen fördernden Einfluss auf das Gleichgewicht. Sie bietet eine Möglichkeit, die Vorstufe zum Balancieren auch innerhalb der Wohnung zu üben.

Tipp: Jede Übung wird dann besonders effektiv, wenn sie regelmäßig durchgeführt wird. Befestigen Sie die „Schienen“ deshalb doch z. B. auf dem Badezimmerfußboden. Jedes Mal, wenn es morgens und abends zum Zähneputzen geht, soll das Kind auf seinen Schienen zum Wachbecken gehen.

Schnipselbilder

Material: buntes Kopierpapier oder Reste von Ton- oder Glanzpapier, Kleber, Stift, evtl. Schere

Durch Schnipsel-Technik werden einfache Motive wie Herz, Stern, Haus, Auto, Osterei, Blume u.v.m. zu kleinen Kunstwerken. Die Technik ist einfach und daher schon mit kleinen Kindern anzuwenden. Als erstes wird buntes Papier zu kleinen, ca. 2x2cm großen Schnipseln zerrissen. Das Reißen sollte dabei auf alle Fälle das

Kind übernehmen, da es dabei das koordinierte Zusammenarbeiten beider Hände trainiert! Ein Erwachsener zeichnet das gewählte Motiv auf ein Blatt Papier. Nun wird darauf Kleber aufgetragen und die Schnipsel werden innerhalb des Motivs flächendeckend aufgeklebt.

Knete-Raupe

Material: Kinderknete, Streichhölzer

Vielleicht haben Sie zufällig das Buch von der Kleinen Raupe Nimmersatt (Eric Carle) zu Hause? Dann können Sie dies als Grundlage für diese kleine Beschäftigung nehmen. Aber auch ohne das Bilderbuch haben Kinder Spaß daran, eine Raupe entstehen zu lassen. Wichtig ist jedoch, dass bei der Beschäftigung mit Knete zunächst Zeit für freies Experimentieren eingeplant wird!

Zeigen Sie dem Kind, wie Sie mit beiden Händen aus einer kleinen Portion Knete eine Kugel formen. Nun starten Sie gemeinsam die Kugel-Produktion. Die Kugeln werden aneinander gelegt. Die erste Kugel wird der Kopf der Raupe, sie darf daher etwas größer sein. Mit zwei Streichhölzern bekommt die Raupe Fühler. Regen Sie diese Beschäftigung ein paar Tage nacheinander an: jeden Tag hat die Raupe etwas mehr gefressen und wird immer länger. Das Kind trainiert mit jeder Kugel seine Feinmotorik, die Dosierung der eingesetzten Kraft und die koordinierte Zusammenarbeit beider Hände.

Sonne oder Schneeflocke aus Papierstreifen

Material: Tonpapier, Lineal, Bleistift, Kinderschere

Wenn Kinder ausreichend mit der Schere experimentiert haben. ist es an der Zeit, ihnen kleine Bastelangebote zu machen. Ein guter Anfang sind Bastelarbeiten, bei denen keine komplexen Figuren ausgeschnitten werden müssen. Dennoch trainieren die Kinder mit gezielten Angeboten das Schneiden entlang vorgegebener Linien und werden dadurch sicherer im Umgang mit der Schere. Nebenbei trainieren die kleinen Künstler das Auftragen des Klebers, was den Einsatz beider Hände erfordert. Zudem können sich die Kinder bei der Anordnung der Streifen beteiligen und planen so selbst ihr Werkstück.

Für die Sonne benötigen Sie gelbes Tonpapier. Zeichnen Sie zunächst einen Kreis auf das Papier und helfen Sie dem Kind ggf. beim Ausschneiden. Nun zeichnen Sie mit dem Lineal Streifen auf das Papier. Achten Sie darauf, dass diese nicht zu lang sind, sonst wird es zu schwer, ein ordentliches Ergebnis zu erzielen! Die Streifen sollte das Kind ohne Hilfe schneiden. Sind alle Streifen fertig, werden sie am Kreis festgeklebt. Die Sonne nun noch auf ein großes blaues Tonpapier kleben.

Eine Schneeflocke wird aus weißem Tonpapier gefertigt. Sie zeichnen wiederum mit dem Lineal Streifen auf das Papier. Für die Schneeflocke werden 4 lange (30cm) und 16 kürzere (5cm) Streifen benötigt. Die langen Streifen kleben Sie wie einen Stern auf ein größeres Tonpapier mit der Farbe Ihrer Wahl. In die Abstände zwischen den langen Streifen werden je zwei kurze Streifen zu einer Spitze zusammengeklebt.

Wellpappe-Schachtel

Material: Wellpappe-Bogen ggf. in zwei verschiedenen Farben (gerade Wellen, keine mit Bögen), Geodreieck und Lineal, Bleistift, Schere, Papier, Kleber, Büro- oder Wäscheklammern

Zeitaufwand: ca. eine Stunde

Alter: ab 6 Jahren (mit Unterstützung durch einen Erwachsenen)

Zunächst sollte man sich Gedanken darüber machen, was in die Schachtel hineinpassen und wie groß die Schachtel werden soll. Im folgenden Beispiel sollen zwei DVDs in der Schachtel Platz finden. Eine Wellpappe-Schachtel kann aber in vielen verschiedenen Formaten gebastelt werden.

Beginnen Sie den Bau der Schachtel mit einer Skizze. Hierbei können Kinder sehr gut eingebunden werden. Zunächst muss entschieden werden, wie groß die Bodenfläche sein soll. Dazu kann das Kind die Fläche des Gegenstandes abmessen, im Falle der DVD also die Länge und Breite der DVD Schachtel (19,3 cm x 13,7 cm). Damit die DVD später tatsächlich in die Schachtel passt, muss diese natürlich ein wenig größer sein als die DVD. Geben Sie daher ca. einen Zentimeter Zuschlag. Machen Sie es sich einfacher und arbeiten Sie stets nur mit runden Zahlen. Auf der Skizze zeichnen Sie nun ein Rechteck als Grundfläche des Bodens an. Lassen Sie das Kind doch selbst erarbeiten, wie viele Seitenteile die Schachtel braucht. Die Höhe der Seitenwände richtet sich natürlich ebenfalls nach der Größe des

Gegenstandes (2 DVDs = 2,8 cm). Die Seitenteile werden an den Seiten des Rechtecks angezeichnet. Selbstverständlich müssen später alle Seitenwände die gleiche Höhe haben. An den kurzen Seitenwänden planen Sie die Klebelaschen ein (in der Skizze rot hinterlegt).

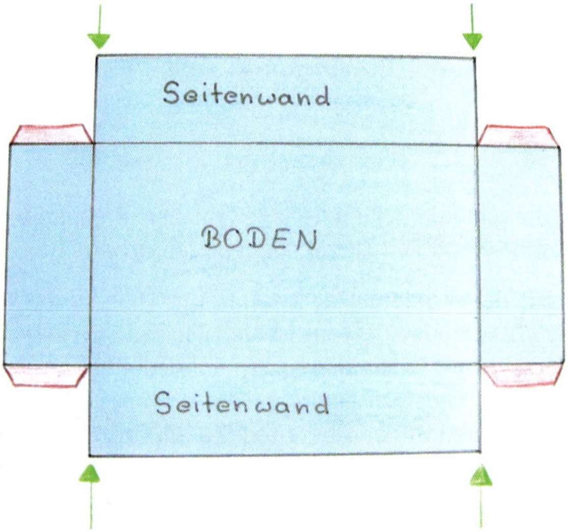

Der Deckel der Schachtel muss ein wenig größer sein, als das Bodenteil, damit er sich aufsetzen lässt. Auf die Grundmaße des Bodens schlagen Sie daher 0,5cm auf (20,5 cm x 14,5 cm). Fertigen Sie auch für den Deckel eine Skizze an. Die Seitenwände des Deckels sollten kürzer sein als die des Bodens. Im Falle der DVD Schachtel also 2,3 cm. Auch das Grundgerüst des Deckels muss über Klebelaschen verfügen!
Rechnen Sie gemeinsam mit dem Kind die Gesamtlänge der Bodenfläche aus:
Höhe der Seitenwand + Bodenlänge +Höhe der Seitenwand =
Das gleiche machen Sie für die Gesamtbreite: Höhe der Seitenwand + Bodenbreite + Höhe der Seitenwand =
Das Rechteck mit den errechneten Maßen zeichnen Sie auf die Wellpappe. Zeichnen Sie dabei auch die Linien für die Seitenwände und die Klebeflächen ein.
Auch für die Deckelfläche errechnen Sie die Grundmaße:
Höhe der Seitenwand + Bodenbreite + 0,5cm + Höhe der Seitenwand =
Höhe der Seitenwand + Bodenlänge + 0,5cm + Höhe der Seitenfläche =
Dieses Rechteck übertragen Sie ebenfalls auf die Wellpappe.

Schneiden Sie beide Rechtecke entlang der äußeren Linie aus. An den in der Skizze mit grünen Pfeilen markierten Stellen schneiden Sie bis zur Grundfläche ein. Parallel zu den Wellen lässt sich die Pappe problemlos falten. Wenn Sie jedoch quer zu den Wellen falten müssen, sollten Sie die Stelle vorher falzen. Dazu fahren Sie mit der stumpfen Seite der Schere (dem „Rücken“) oder mit einer Stricknadel die Linie entlang. Anschließend lässt sie die Pappe an dieser Stelle

leichter knicken. Tragen Sie an den Klebelaschen Flüssigkleber auf und kleben Sie die Schachteln zusammen. Bis der Kleber getrocknet ist, fixieren Sie die Klebestellen mit Büro- oder Wäscheklammern.
Sie sollten das Kind bei der Planung der Schachtel unbedingt einbeziehen, denn hier trainiert es sein räumliches Vorstellungsvermögen und planerisches Vorgehen. Der Bau der Schachtel hat dann einen positiven Einfluss auf die Feinmotorik.

Prickelbilder

Material: Prickelnadel und Prickelunterlage (aus dem Bastelgeschäft), Aluminium-Bastelfolie oder Tonpapier, Kleber, Papier, Stift, Schere

Prickeln ist oft aus dem Kindergarten bekannt und viele Kinder haben Spaß am Umgang mit der Prickelnadel. Durch prickeln, also das Durchstechen von Papier oder Bastelfolie mit einer Nadel, kann man entweder Figuren aus dem Papier auslösen oder aber mit Mustern verzieren.
Überlegen Sie sich ein Motiv und bereiten Sie am besten eine Schablone mit dem Muster vor.

Wenn Sie mit Aluminium-Bastelfolie arbeiten, empfiehlt es sich, die Folie doppelt zu legen und zusammenzukleben. Das Objekt wird dadurch stabiler. Nun legt man die Vorlage auf das Tonpapier oder die Folie und beginnt mit der Nadel in die markierten Stellen zu stechen. Wurde das Muster komplett übertragen, kann die Figur am äußeren Rand ausgeschnitten werden.

4.5 Lernhilfen

Hausaufgaben-Tipps

Laut einer Stellungnahme des Deutschen Lehrerverbandes vom 03. Februar 2008 sind Hausaufgaben ein wichtiger Bestandteil des schulischen Lernens. Sie geben eine Chance zum nachträglichen Verstehen und Einüben, außerdem sollen die Schüler dadurch eigenständiges und eigenverantwortliches Arbeiten lernen. Lehrern zeigen die Hausaufgaben, was die Kinder verstanden haben und wo noch Klärungsbedarf besteht.

Für Eltern und Kinder bedeuten Hausaufgaben jedoch häufig Stress, vor allem, wenn es den Kindern schwer fällt, ihre Aufmerksamkeit zu fokussieren oder wenn Leistungsdefizite bestehen. In der Hausaufgabensituation muss sich das Kind konzentrieren. Dies empfindet es als anstrengend. Es beschäftigt sich mit genau den Inhalten, die es noch nicht sicher beherrscht. Die Hausaufgaben werden von den Eltern oder von der Lehrkraft korrigiert, Fehler fallen also auf und frustrieren zusätzlich. Zuletzt reduziert die für die Hausaufgaben benötigte Zeit die Spielzeit. Wenn Kinder dann mehrfach die Erfahrung gemacht haben, dass auch große häusliche Anstrengungen die schulischen Leistungen nicht verbessern, ist umso verständlicher, dass viele Kinder keine Lust haben, die Hauaufgaben zu machen. Leider kann dies zu einem Kampf führen, der bis in die Abendstunden dauert und das Verhältnis zwischen Eltern und Kind strapaziert. Verschiedene Tipps für die Hausaufgaben finden Sie auf den folgenden Seiten.

Manchmal hilft es, dem Kind von den eigenen Erfahrungen mit Hausaufgaben zu berichten. Es ändert nichts an der Notwendigkeit, die Hausaufgaben zu machen, aber viele Kinder sind dennoch erstaunt darüber, dass auch ihr Therapeut oder die eigenen Eltern manchmal lieber gespielt hätten, als Hausaufgaben zu machen. Das Kind erfährt auf diesem Weg, dass die Erwachsenen nachvollziehen können, wie es ihm geht. Zudem sind in der Hausaufgabensituation eine entspannte Atmosphäre und Motivation entscheidend. Spaß und Belohnung bewirken, dass man besser und leichter arbeiten und lernen kann; jeder kann aus eigener Erfahrung bestätigen, was Neurowissenschaftler herausgefunden haben (nachzulesen unter anderem in der Zeitschrift „Gehirn und Geist Serie, Kindesentwicklung Nr. 6). Den Kindern die Hausaufgaben und das Lernen nachmittags zu versüßen, ist eine anspruchsvolle Aufgabe, gleichermaßen für Lehrer, Eltern und Erzieher ...

Hausaufgabentypen

Der Träumer

Der Träumer ist oft bei anderen Kindern beliebt, weil er freundlich und gelassen ist, ein umgänglicher Typ. Für Elan, Pep und Energie ist er aber weniger bekannt. Bei den Hausaufgaben ist er langsam und braucht ständig Ansporn, so dass ungeduldige Eltern ihm diese Aufgabe gerne abnehmen würden. Doch das ist ein Problem des Träumers: die Eltern nehmen zu viel ab, verschwenden ihre Energien, um das Kind anzutreiben.

Auch der Träumer braucht Bestätigung und Lob. Wichtig ist aber, dass er die Bestätigung bekommt, eine Aufgabe aus eigener Kraft schaffen zu können!
Stellen Sie eine gemeinsame Aktivität in Aussicht, mit der sich der Träumer belohnen kann, wenn die Hausaufgaben zügig erledigt wurden!
Ein Berg voll Hausaufgaben demotiviert den Träumer. Vereinbaren Sie deshalb kleinere, überschaubare Etappen. Legen Sie eine Zeit fest, in der das Pensum machbar ist. Stellen Sie einen geräuschlosen Wecker und lassen Sie das Kind losarbeiten. Versuchen Sie zudem dem Kind zu zeigen, was es schon alles geschafft hat: legen Sie am Anfang alle Unterlagen (Hefte, Bücher, Arbeitsblätter), die es brauchen wird, auf einen kleinen Stapel. So kann es mit jeder erledigten Aufgabe sehen, wie der Stapel kleiner wird.

Mr. Ratz-Fatz, der Schluderer

Mr. Ratz-Fatz arbeitet schnell, ja geradezu in Rekordzeit. Die Kehrseite der Medaille: er arbeitet selten fehlerfrei, seine Hausaufgaben enthalten eine Ansammlung an Flüchtigkeitsfehlern, nicht immer sind sie vollständig. Das Schriftbild ist unleserlich, die Eintragungen wirken allgemein unsauber. Mr. Ratz-Fatz hat stets 1000 Ideen und weiß manchmal nicht so recht, welche ihn am meisten fesselt. Die Idee, konzentriert am Tisch zu arbeiten, um einen Hefteintrag zu gestalten, ist es sicher nicht ...
Oft arbeiten Kinder in Rekordtempo und vernachlässigen dabei jede Sorgfalt, weil sie unbedingt noch draußen spielen wollen. In diesem Fall macht es Sinn, den Tagesrhythmus umzustellen und dem Kind nach dem Mittagessen eine längere Pause zu gewähren.
Fällt vor allem das unsaubere Schriftbild stark ins Auge, kann es daran liegen, dass das Kind seine Gedanken nicht schnell genug notieren kann. Die Fingerbewegungen laufen noch zu langsam und zu unkoordiniert ab. Unter solchen Bedin-

gungen kann es sinnvoll sein, nach Rücksprache mit der Lehrkraft, das Erledigen der Hausaufgaben am PC zu erlauben. Ebenso ist es ratsam, die feinmotorischen Leistungen vom Kinderarzt oder vom Ergotherapeuten beurteilen zu lassen.

Der Aufschieber

Der Aufschieber verschwindet nach dem Mittagessen zügig in seinem Zimmer. Eigentlich soll er mit den Hausaufgaben beginnen. Kontrolliert man aber nach einiger Zeit, muss man feststellen, dass noch nichts erledigt wurde. Dies kann daran liegen, dass der Aufschieber eine längere Mittagspause benötigt. Bis zu 90 Minuten nach der Nahrungsaufnahme verwendet der Körper einen Großteil der Energie für die Verdauung. Unter Umständen befindet sich das Kind in dieser Zeit in einem Leistungstief und es tatsächlich ratsam, mit den Hausaufgaben später zu beginnen. Einige Kinder stellen an sich selbst zu hohe Erwartungen und blockieren sich somit selbst. Aus Angst, die eigenen Erwartungen oder die der Eltern und Lehrkräfte nicht zu erfüllen, beginnen sie erst gar nicht. In diesem Fall sollten die Eltern die Erwartungen überprüfen, die sie an ihr Kind stellen. Stimmen die Erwartungen mit den kindlichen Leistungsmöglichkeiten überein? In den seltensten Fällen ist das Kind mit den Hausaufgaben tatsächlich überfordert. Besteht dennoch der Verdacht, sollte zügig Kontakt zu den Lehrkräften aufgenommen werden.

Der Aufschieber braucht Mut und Sicherheit. Rituale können Sicherheit schaffen: führen Sie eine feste Hausaufgabenzeit an einem festen Hausaufgabenort ein. Sparen Sie nicht mit Lob, ermuntern Sie das Kind und freuen Sie sich mit ihm über erledigte Aufgaben.

Der Abgelenkte

Kinder vom abgelenkten Typ sind aktiv und sprühen vor Ideen. Der Abgelenkte reagiert auf äußere Reize sehr sensibel. Im Zweifelsfall kann er Ihnen am Ende der Hausaufgaben sagen, wie viele LKWs währenddessen am Haus vorbeigefahren sind. Wenn er sich doch nur auf die Hausaufgaben genauso konzentrieren würde ...

Um dem Abgelenkten zu helfen, müssen Ablenkungsfaktoren, soweit es geht, entfernt werden. Die Arbeitsfläche muss frei sein von nicht benötigtem Material, alles was gebraucht wird, sollte allerdings griffbereit liegen. Achten Sie auf die Positionierung des Schreibtisches im Raum: sitzt das Kind mit dem Rücken zur Tür, kann es sein, dass es unbewusst Energien darauf verschwendet, nicht überrascht zu werden. Sieht das Kind vom Schreibtisch aus aber aus dem Fenster auf eine interessante Umgebung, ist auch dies ein Ablenkungsfaktor.

Steht das Kind ständig auf und unterbricht dadurch die Hausaufgaben ist die Einführung einer Regelleiste sinnvoll: Eine Spielfigur startet auf dem ersten Feld. Jedes Mal wenn das Kind aufsteht rückt die Figur ein Feld weiter und damit auf den Entzug einer Belohnung zu. Ist sie 4 Felder gewandert, darf das Kind z. B. 5 Minuten weniger auf den Spielplatz. Bei 8 Feldern 10 Minuten kürzer. Die Regelleiste sollte nur auf eine klar definierte Regel angewendet werden (In diesem Beispiel: „Ich bleibe bei den Hausaufgaben sitzen, solange ich an einer Etappe arbeite!“) Sie bietet den Kindern die Möglichkeit, ihr impulsives Verhalten zu hemmen.

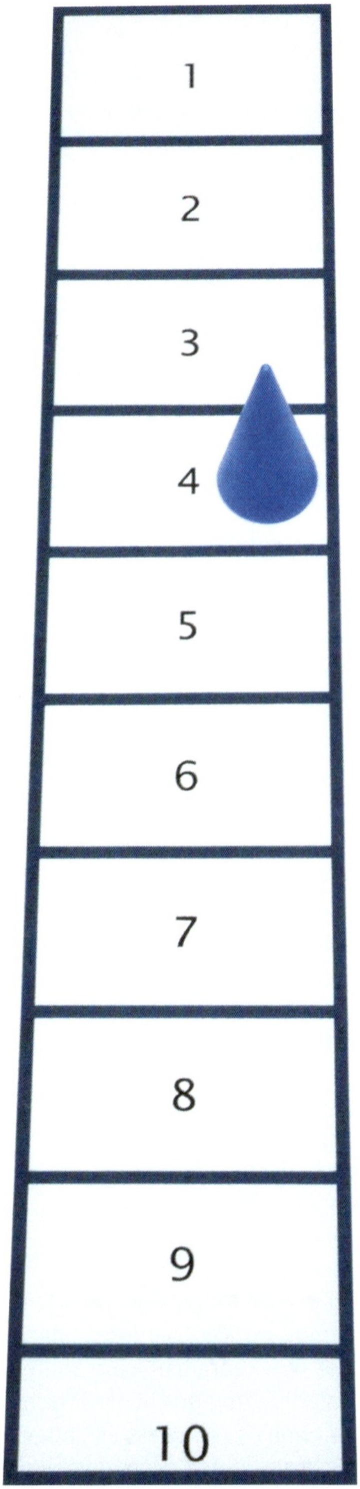

13 Tipps für gelungene Hausaufgaben

- In der Schule mitdenken und mitmachen – so geht nicht nur die Zeit in der Schule schneller rum, auch die Hausaufgaben gehen leichter von der Hand.
- Alle Hausaufgaben werden während der Schulzeit in ein Hausaufgabenheft notiert. Nur wer weiß, was zu tun ist, kann damit zügig anfangen. Manchmal ist es sinnvoll, dass die Lehrkraft am Ende des Schultags die Einträge im Hausaufgabenheft abzeichnet oder dass die Eltern die in Frage kommenden Fächer für jeden Tag einschreiben. So lässt sich leichter überprüfen, ob alles notiert ist und die Einträge verteilen sich nicht über zwei Seiten.
- Schaffen Sie eine ruhige, ordentliche Umgebung, legen Sie alle Arbeitsmaterialien bereit. Wer ständig aufstehen muss, um etwas zu suchen, ist nicht nur abgelenkter, sondern auch schnell genervt und weniger motiviert.
- Reduzieren Sie Ablenkungsmöglichkeiten. Am Arbeitsplatz sollten sich nur die Gegenstände befinden, die das Kind zum Arbeiten benötigt. Radio oder CD-Gerät sollten ausgeschaltet werden. Überprüfen Sie auch die Umgebung: was steht rechts und links vom Arbeitsplatz? Kann das Kind aus dem Fenster spielende Kinder sehen? Stört eine stark befahrende Straße die Ruhe? Dann sollten Sie nur vor und nach den Hausaufgaben lüften, die Fenster jedoch währenddessen geschlossen halten. Geschwister sollen die Hausaufgaben nicht unterbrechen oder durch lautes Spielen stören. Macht das Kind die Hausaufgaben in seinem Zimmer, sollte ggf. jeden Abend aufgeräumt werden, so dass dies nicht zum Streitthema vor den Hausaufgaben wird!
- Stellen Sie ein Glas Wasser oder Saftschorle bereit. Unmittelbar nach dem Mittagessen zu starten, ist manchmal nicht sinnvoll. Eine kleine Pause zum Ausruhen sollte vorgesehen sein. Das Gehirn arbeitet besser, wenn es mit Flüssigkeit versorgt wird!
- Machen Sie ein Ritual aus der Situation: immer die gleiche Uhrzeit, immer der gleiche Platz. Das hilft, um in die Konzentrationsphase zu kommen. Sich an den gewohnten Platz zu setzen bedeutet dann: „Jetzt beginnt die Hausaufgabenzeit!“. Ein Wochenplan verhindert Diskussionen. Hier werden neben den Schulstunden auch die Nachmittagsaktivitäten wie Sport, Musikschule oder Therapien eingetragen.

- Zu optimalen Arbeitsbedingungen gehören die richtige Raumtemperatur (18 bis 22 Grad), ausreichend Licht und ein Stuhl, der es dem Kind ermöglicht, beide Beine auf den Boden zu stellen.
- Geben Sie den Kindern in einem gewissen Rahmen Autonomie darüber, was sie tun: sie sollten selbst entscheiden, welche Aufgabe zuerst erledigt wird und die Zeit, die sie dazu brauchen vorab einschätzen. Mit einem Küchenwecker oder einer Stoppuhr können die Kinder ihre Einschätzung dann selbst kontrollieren. Neigt ein Kind dazu, mehr Hausaufgaben zum Diskutieren zu benötigen als für die Arbeit an sich, können Sie ihm dies ebenfalls verdeutlichen, indem Sie beide Zeiten stoppen.
- Das Einfache zuerst und dann viel Abwechslung. Mit einem einfachen Fach oder einer leichten Aufgabe zu beginnen, bietet einen guten Einstieg in die Hausaufgaben. Im weiteren Verlauf sollte, wenn möglich, auf Abwechslung in Bezug auf Fächer und Schweregrad geachtet werden.
- Weil sich Fünf- bis Siebenjährige ungefähr 15 Minuten, Acht- bis Neunjährige 20 Minuten und Zehn- bis Zwölfjährige maximal 30 Minuten konzentrieren können, brauchen sie regelmäßig kurze Pausen. In der Pause kann gelüftet oder etwas getrunken werden. Es ist auch sinnvoll, etwas in Bewegung zu kommen. Die Pause darf jedoch nicht zu lange dauern und es sollte nicht mit anderen, interessanten Dingen begonnen werden. Wer in der Pause anfängt zu spielen, wird sich kaum wieder motiviert an die Hausaufgaben machen ...
- Motivieren Sie bei Bedarf über einen Punkte- oder Sternekalender: an jedem Tag, an dem die Hausaufgaben zügig erledigt wurden, darf das Kind einen Punkt oder Stern in einen Kalender malen. Für 5 oder 10 Punkte bekommt es eine kleine Belohnung.
- Bleiben Sie fair! Die Hausaufgaben sollten kein familiäres Druckmittel sein. Wenn dem Kind gedroht wird, dass die unzureichende Erledigung der Hausaufgaben dazu führt, dass etwas fest Vereinbartes (z. B. Fußballtraining) nicht gemacht werden darf, entsteht ein Widerwille gegen die Hausaufgaben.
- Sprechen Sie mit der Lehrkraft darüber, welche Vorstellung sie von den Hausaufgaben hat. Sollen die Hausaufgaben der Lehrkraft als Lernkontrolle dienen, ist es wenig sinnvoll, wenn die Eltern sie kontrollieren. Andere Lehrkräfte sehen den Zweck der Hausaufgaben aber darin, dass sich die Kinder vertiefend mit dem Stoff beschäftigen, so dass sie ihn besser verinnerlichen. In diesem Fall ist es sehr wohl erwünscht, dass die Eltern unterstützen und korrigieren.

6 Tipps zum effektiven Lernen

- **Feste Lernzeiten und Lerneinheiten**: Wer jeden Tag eine halbe Stunde lernt vermeidet, dass sich ein „Lernberg“ auftürmt. Es macht Sinn, täglich die aktuellen Hefteinträge konzentriert zu lesen, oder einem Erwachsenen zu erzählen, was im Unterricht behandelt wurde. Wird viel mit Lehrbüchern gearbeitet, ist es hilfreich, sich jeden Tag zu der im Unterricht besprochenen Seite Notizen zu machen. Steht ein Leistungsnachweis an, kann man auf seine Mitschriften zurückgreifen und muss nicht mehr ganze Seiten durcharbeiten.

- **Schulranzen am Vorabend packen**: Leider ist es in deutschen Schulen nicht üblich, dass für die Schüler Spinde existieren. Oftmals führt das dazu, dass alle eventuell benötigten Schulsachen jeden Tag mitgeschleppt werden. Dies belastet den Rücken und sorgt für Chaos im Schulranzen. Meist werden nicht alle Unterlagen täglich benötigt. Wer abends in Ruhe seinen Schulranzen packt, bereitet sich bereits auf den nächsten Tag vor. Der Ranzen ist ordentlicher, die äußere Struktur verbessert die Konzentration und der Rücken wird entlastet!

- **Im Unterricht mitdenken**: Wer sich im Unterricht aktiv beteiligt, wird nicht nur von der Lehrkraft positiv wahrgenommen. Auch Zuhause fällt das Lernen dann leichter.

- **Abwechslungsreich lernen:** Für jeden Lerntyp gibt es verschiedene sinnvolle Lernstrategien und diese sollten abgewechselt werden. So kann z. B. mal still gelesen werden, ein anderes Mal wird der Lernstoff mit den Eltern besprochen. Mal lässt man sich abfragen, dann wird vielleicht eine Übungs-Prüfung zu Hause geschrieben. Auch der Einsatz von Lern-Software kann sinnvoll sein, um die Lerneinheiten abwechslungsreich zu gestalten. Natürlich sollte man sich immer auf Lernstrategien begrenzen, mit denen man effektiv arbeitet!

- **Mitschriften übersichtlich gestalten:** Wer mit chaotischen Unterlagen lernen soll, braucht mindestens den doppelten Konzentrationsaufwand, um die wichtigen Lehrinhalte zu erfassen. Deshalb sollte man Hefteinträge übersichtlich gestalten. Dazu gehört, ausreichend Platz zu verwenden und farbig zu unterstreichen. Bereitet es sehr große Schwierigkeiten, ordentliche Hefteinträge zu übertragen, kann man die Lehrkraft bitten, zum Lernen Kopien ihrer Vorlage zur Verfügung zu stellen. (Das ist z. B. auch hilfreich, wenn das Kind auf Grund einer Rechtschreib-Problematik beim Abschreiben viele Fehler produziert.)

- **Für Motivation sorgen:** Die Aussicht auf Belohnung steigert die Leistungs- und damit auch die Lernbereitschaft. Die Belohnung kann dabei z. B. so ausfallen, dass man stets eine halbe Stunde vor seiner Lieblingssendung lernt. So besteht nicht die Gefahr, zu schnell und oberflächlich zu arbeiten – die Sendung beginnt schließlich dadurch nicht früher. Auch eine kleine, unerwartete Zuwendung durch die Eltern kann die Lernbereitschaft positiv beeinflussen.

5. Eltern werden ist nicht schwer, Eltern sein dagegen ...

5.1 Wie ist das wenn ...? Selbsterfahrungen zum besseren Verständnis für die Schwierigkeiten der Kinder

Visuelle Wahrnehmungsstörung / räumliche Wahrnehmungsstörung

Unter visueller Wahrnehmung versteht man die Fähigkeit, gesehene Reize zu erkennen und sie durch Vergleichen mit früheren Erfahrungen zu interpretieren. Die Interpretation erfolgt dabei im Gehirn, nicht durch die Augen. Die visuelle Wahrnehmung hat einen großen Einfluss auf die Fähigkeit zu Lesen und zu Schreiben. Schwierigkeiten im Verarbeiten visueller Reize können aber bereits im Kindergarten das Spielverhalten beeinflussen (räumlich-konstruktive Spiele werden vermieden, es wird nicht gepuzzelt) und die Malentwicklung hemmen. Mit den folgenden Übungen können Sie sich in die Lage eines visuell wahrnehmungsgestörten Kindes versetzen:

Material: zwei Blätter Papier, Bleistift, Buntstift, Spiegel

Zeichnen Sie mit dem Bleistift einen Stern auf ein Blatt Papier. Nun setzen Sie sich vor einen Spiegel und bitten Ihre Hilfsperson, ein festes Blatt Papier so zu halten, dass Sie den Stern zwar noch im Spiegel sehen können, aber keine Möglichkeit mehr haben, auf Ihre Hand zu blicken. Ihre Aufgabe ist es nun, den Stern mit dem Buntstift möglichst exakt entlang der Bleistiftlinie nachzuzeichnen. Eine Nachspur-Aufgabe also, wie sie von Vorschulkindern regelmäßig verlangt wird. Das sollte doch nicht so schwer sein?

Wie Sie gemerkt haben, ist es gar nicht so leicht, die Aufgabe zu lösen, wenn die Wahrnehmung ungewohnt und die räumliche Orientierung beeinträchtigt ist. Versetzen Sie sich jetzt in die Lage eines Kindes, das bei solchen Nachspur-Aufgaben ständig zu hören bekommt: „Gib dir mehr Mühe!“, „Also das radieren wir weg, das musst du noch einmal machen!“, „Jetzt mach doch mal ein bisschen schneller!“ Es gibt immer wieder Kinder, die sehr wohl genau arbeiten möchten, es jedoch trotz größter Anstrengung nicht schaffen, weil die Interpretation der gesehenen Reize im Gehirn gestört ist.

Eine weitere Möglichkeit der Selbsterfahrung bietet sich Ihnen, indem Sie den folgenden Text abschreiben. Wie Sie sehen, ist er nicht besonders lang. Diese Textmenge wird von Erstklässlern erwartet. Der Text wiederholt sich nach jedem Abschnitt. Bitten Sie Ihre Hilfsperson, mit zwei Papierstreifen immer wieder Textblöcke abzudecken, so dass zunächst z. B. Textfeld 1 zu sehen ist, nach 30 Sekunden Textfeld 4, nach 10 Sekunden Textfeld 2 usw.

Ein Kleiner Kämpfer sollte in der Schule einmal einen Text von der Tafel abschreiben. Er mochte so was nicht besonders gern. Meistens war er als letzter in der Klasse fertig und alle anderen Kinder durften schon in die Pause, während er noch schrieb. Ihn irritierte einfach die schlecht gewischte Tafel. Und er konnte sich nie merken, welches Wort er gerade geschrieben hatte. Manchmal verrutschte er auch in den Zeilen. Ja, abschreiben fand der Kleine Kämpfer sehr mühsam.

Ein Kleiner Kämpfer sollte in der Schule einmal einen Text von der Tafel abschreiben. Er mochte so was nicht besonders gern. Meistens war er als letzter in der Klasse fertig und alle anderen Kinder durften schon in die Pause, während er noch schrieb. Ihn irritierte einfach die schlecht gewischte Tafel. Und er konnte sich nie merken, welches Wort er gerade geschrieben hatte. Manchmal verrutschte er auch in den Zeilen. Ja, abschreiben fand der Kleine Kämpfer sehr mühsam.

Ein Kleiner Kämpfer sollte in der Schule einmal einen Text von der Tafel abschreiben. Er mochte so was nicht besonders gern. Meistens war er als letzter in der Klasse fertig und alle anderen Kinder durften schon in die Pause, während er noch schrieb. Ihn irritierte einfach die schlecht gewischte Tafel. Und er konnte sich nie merken, welches Wort er gerade geschrieben hatte. Manchmal verrutschte er auch in den Zeilen. Ja, abschreiben fand der Kleine Kämpfer sehr mühsam.

Ein Kleiner Kämpfer sollte in der Schule einmal einen Text von der Tafel abschreiben. Er mochte so was nicht besonders gern. Meistens war er als letzter in der Klasse fertig und alle anderen Kinder durften schon in die Pause, während er noch schrieb. Ihn irritierte einfach die schlecht gewischte Tafel. Und er konnte sich nie merken, welches Wort er gerade geschrieben hatte. Manchmal verrutschte er auch in den Zeilen. Ja, abschreiben fand der Kleine Kämpfer sehr mühsam.

Ein Kleiner Kämpfer sollte in der Schule einmal einen Text von der Tafel abschreiben. Er mochte so was nicht besonders gern. Meistens war er als letzter in der Klasse fertig und alle anderen Kinder durften schon in die Pause, während er noch schrieb. Ihn irritierte einfach die schlecht gewischte Tafel. Und er konnte sich nie merken, welches Wort er gerade geschrieben hatte. Manchmal verrutschte er auch in den Zeilen. Ja, abschreiben fand der Kleine Kämpfer sehr mühsam.

Ist es Ihnen gelungen den Text im gleichen Tempo abzuschreiben, in dem Sie für gewöhnlich schreiben? Vermutlich nicht. Obwohl Sie sicherlich ein guter Leser sind und Buchstaben zuverlässig erkennen können, haben Sie die schnell wechselnden Schriftarten vielleicht irritiert. Durch den Wechsel der sichtbaren Textfelder mussten Sie immer wieder suchen, wo Sie gerade sind. Kinder mit einer gestörten visuellen Wahrnehmung kämpfen täglich mit solchen Hindernissen. Eine schlecht gewischte Tafel erschwert das Erkennen der Buchstaben; es kommt zu Blicksprüngen über Buchstaben oder Zeilen hinweg; Buchstaben werden nicht automatisch erkannt; Wörter werden nicht als Ganzes erfasst. Das macht es schwer, zu erinnern, welches Wort man gerade geschrieben hat.

Diese Kinder wollen natürlich genauso schnell sein wie andere, vielleicht strengen sie sich sogar stets etwas mehr an als der ein oder andere Mitschüler. Doch trotz dieser Anstrengung erzielen sie nicht das gewünschte Ergebnis – und sitzen immer wieder im Klassenraum, während die anderen bereits draußen toben ...

Auditive Wahrnehmungsstörung

Auditive Wahrnehmung beschreibt den Vorgang des Hörens und in welcher Form Schall von Lebewesen wahrgenommen wird. In der Medizin wird mit „auditiv" alles beschrieben, was das menschliche Gehör betrifft. Die auditive Wahrnehmung hat Einfluss auf das Konzentrationsverhalten, auf die Leistungen im Lesen und Rechtschreiben sowie unter Umständen auf das Sozialverhalten (Zurückgezogenheit oder aggressives Verhalten).

Mit der folgenden Übung können Sie sich in die Lage eines auditiv wahrnehmungsgestörten Kindes versetzen:

Material: ein Ihnen unbekannter, eher anspruchsvoller Text aus der Zeitung oder einem Sachbuch; ein Radio oder CD-Gerät

Bitten Sie eine Hilfsperson, Ihnen den Text vorzulesen und sich dabei im Raum zu bewegen. Der Vortrag sollte eintönig, wenig betont sein und in etwa fünf Minuten dauern. Gleichzeitig lassen Sie nun das Radio laufen. Wichtig ist, dass die Lautstärke des Radios der Lautstärke der Stimme Ihres Vorlesers entspricht. Ihre Familie muss während dieser Übung keine Rücksicht auf Sie nehmen. Wenn die Kinder im Nebenraum spielen, der Hund im Garten bellt oder die Tochter nebenbei noch telefoniert, ist das umso besser ... Wenn Sie den Text vollständig gehört haben, sollen Sie den Inhalt mündlich wiedergeben. Das Radio läuft natürlich weiter, nun verändert Ihre Hilfsperson aber während Ihres Vortrags ständig den Sender.

Wie haben Sie diese Situation erlebt? War es entspannt? Konnten Sie die neuen Informationen gut aufnehmen und sicher wiedergeben? Oder fühlten Sie sich schon nach den guten fünf Minuten gestresst, konnten den Text nicht vollständig zusammenfassen und waren stark abgelenkt? Ihnen wurden in dieser Übung zwei Geräuschquellen gleichzeitig angeboten, wobei Sie eine stetig orten mussten, da sich der Vorleser ja im Raum bewegte. Obwohl man annehmen sollte, dass Sie genau wussten, auf welche Geräuschquelle Sie sich konzentrieren müssen, haben Sie sich vielleicht zwischendurch ablenken lassen. Kindern mit einer gestörten Verarbeitung auditiver Reize ergeht es im Schulalltag ähnlich: sie wissen natürlich, dass sie sich auf die Lehrerstimme konzentrieren sollen. Aber auch den Schülern bieten sich verschiedene andere Geräuschquellen – das Summen des Projektors, der Verkehrslärm von der Straße, der hustende Mitschüler, die Klasse, die gerade in den Sportunterricht geht, die zwitschernden Vögel. Liegt eine Störung in der auditiven Wahrnehmung vor, so kann Wichtiges schwer von Unwichtigem unterschieden werden, alle Geräuschquellen erscheinen gleichwertig. Erinnern Sie sich daran, wie es Ihnen nach fünf Minuten ging. Wie lang dauert ein durchschnittlicher Schultag? Und jetzt bedenken Sie, dass die Schüler trotz dieser Belastung Leistungsnachweise erbringen müssen.

Taktile Wahrnehmungsstörung / Störung der Körperwahrnehmung

Die taktile Wahrnehmung wird auch als Tastsinn des Menschen bezeichnet. Sie meint die Fähigkeit, Berührungen, Temperatur, Schmerz, Druck und Vibration wahrzunehmen. Kinder mit einer gestörten taktilen Wahrnehmung vermeiden es, sich mit bestimmten Reizen auseinander zu setzen (sie finden z. B. Knete, Kleber, Fingerfarben eklig und wollen nicht damit arbeiten) oder suchen die Beschäftigung damit übermäßig stark (sie essen z. B. am liebsten mit den Fingern, fassen alles an, haben ständig schmutzige, klebrige Finger und stören sich nicht daran). Eine beeinträchtigte taktile Wahrnehmung beeinflusst nicht nur das Verhalten, sondern kann sich auf die feinmotorischen Fähigkeiten auswirken.

Mit der folgenden Übung können Sie sich in die Lage eines taktil wahrnehmungsgestörten Kindes versetzen:

Material: Einmalhandschuhe

Wenn Sie das nächste Mal einen Kuchen oder Weihnachtsplätzchen backen, dann ziehen Sie sich beim Kneten des Teigs doch mal an einer Hand einen Einmalhandschuh über. Sie haben nun zwei unterschiedliche Empfindungen: einmal spüren Sie den Teig intensiver, einmal weniger stark.

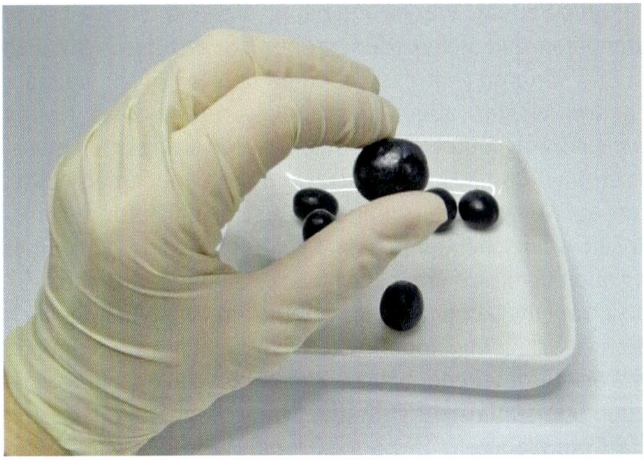

Es ist natürlich ein sehr abstraktes Beispiel, aber stellen Sie sich vor, Ihr Kind spürt grundsätzlich nur so, wie Sie mit dem Handschuh spüren, obwohl die Realität viel intensiver ist. Oder genau andersherum: Ihr Kind spürt alles viel deutlicher und dadurch oft unangenehmer als Sie, also so, wie Sie mit der freien Hand. Wenn Sie sich auf diese Wahrnehmungsmöglichkeiten einlassen, können Sie sich vielleicht vorstellen, warum ein Kleidungsstück abgelehnt wird, warum das Kind nicht in den Töpferkurs möchte oder warum es das Kind gar nicht stört, wenn die Finger wieder einmal klebrig sind.

Impulsivität im Arbeitsverhalten

@

Für diese Selbsterfahrung benötigen Sie ein Blatt Papier, einen Stift und einen Kurzzeitwecker, bzw. die Timer-Funktion Ihres Mobiltelefons. Stellen Sie den Timer auf 3 Minuten. Sobald Sie alles vorbereitet haben, sollten Sie umgehend mit der Bearbeitung der Aufgabe beginnen! Notieren Sie die Antworten auf dem Papier.

Lesen Sie sich zunächst alle Aufgaben gründlich durch und bearbeiten Sie sie dann sorgfältig. Sie haben 3 Minuten Zeit!

1. Wie heißt der 13. Buchstabe des Alphabets?
2. Finden Sie 3 Wörter mit der Endung „-keit“
3. Rechnen Sie: 14x8+199=
4. Notieren Sie Ihren Namen auf dem Blatt.

5. Welcher Wochentag war vor 13 Tagen?
6. Zeichnen Sie ein rechtwinkliges Dreieck in die linke untere Ecke des Blattes.
7. Wie oft kommt in den Aufgaben 1 bis 7 der Buchstabe „n" vor?
8. Wie viele Tage hat der achte Monat des Jahres?
9. Rechnen Sie: 1865 – 789 =
10. Malen Sie das Dreieck aus, das Sie auf Ihr Blatt gezeichnet haben.
11. Notieren Sie 5 Wörter, bestehend aus je 6 Buchstaben, alle sollen mit „B" beginnen.
12. Falten Sie das Blatt zu Hälfte und öffnen Sie es dann wieder.
13. Zu welcher Jahreszeit zählt der April?
14. Amsel, Drossel, Fink und Star ... Notieren Sie 5 weiter Vogelarten.
15. Beantworten Sie nur Aufgabe 4 und drehen Sie das Blatt dann um.
16. Zählen Sie alle Zahlen innerhalb dieser Aufgabe.

Ist Ihnen die Zeit ausgegangen? Dann haben Sie genau so gearbeitet, wie es viele Kinder täglich tun: Sie haben die Aufgabenstellung nicht ausreichend beachtet! Dort steht ganz deutlich, dass zunächst alle Aufgaben gründlich gelesen werden sollen. Wer das macht, findet die Aufforderung, nur eine Aufgabe zu bearbeiten und das Blatt dann umzudrehen. Kinder gehen in der Schule und bei den Hausaufgaben häufig so vor, dass sie die Anleitungen nicht lesen, wenn sie meinen, zu wissen, was von ihnen verlangt wird. Dies passiert besonders, wenn unter Zeitdruck gearbeitet wird oder wenn es dem Kind schwer fällt, den Sinn des Gelesenen zu erfassen. So passieren im Schulalltag immer wieder unnötige Fehler. Sie wissen aber nun, dass es vielleicht manchmal mehr mit dem Bestreben zu tun hat, die Aufgabe schnell zu lösen, als damit, sich keine Mühe zu geben ...

5.2 Eltern für Eltern

Frühchen-Eltern und Eltern von kranken neugeborenen Kindern starten ihre Karriere als Eltern unter extremen Umständen. Die Sorge um das Leben und die Gesundheit des Kindes überlagert die natürliche Freude über den Nachwuchs. Die ersten Monate oder Jahre sind meist geprägt von Sorgen: Eventuell müssen Operationen überstanden werden. Entwickelt sich das Kind normal? Viele Frühgeborene sind krankheitsanfällig oder sehr zierlich. Kein Wunder also, dass Eltern von Frühgeborenen ihre Kinder beschützen und bewahren wollen.

„Zeigt den Kindern, dass Ihr immer da seid, wenn Ihr gebraucht werdet."
„Unterstützt und stärkt die Kinder."

Von den von uns befragten Frühchen Eltern gaben jeweils knapp die Hälfte an, dass ihr Kind motorische Defizite ausgleichen müsse und/oder Schwierigkeiten mit Aufmerksamkeit und Konzentration habe. Mehr als 50 % der Eltern gaben an, ihr Kind leide unter einem geringen Selbstbewusstsein, 25 % berichteten sogar, dass ihr Kind besonders ängstlich sei. Dieses Ergebnis unserer kleinen Umfrage lässt darauf schließen, dass nicht nur die Eltern ihre Kinder besonders behüten möchten, sondern dass dies von den Kindern durchaus auch gefordert wird.

"Vermittelt Euren Kindern viel Liebe und Geborgenheit, stärkt ihr Selbstbewusstsein, damit sie ihre Kindheit unbeschwert genießen können und wissen: ich bin etwas anders, aber trotzdem mag mich jeder!"

„Ganz wichtig ist ein gutes und vertrauensvolles Miteinander mit der Lehrkraft. Schriften über Problematiken der Frühchen können dem Lehrer helfen (und einem selbst auch), die Lage besser und gerechter zu beurteilen. Den Bedürfnissen der Frühchen (z. B. Ängste ausleben, viel kuscheln, viel über Probleme reden) immer nachgeben, auch wenn es manchmal schwer fällt."

„Informiert die Erzieher über den bisherigen Verlauf und die Entwicklung. Wählt einen geeigneten Kindergarten mit guten therapeutischen Möglichkeiten."

Steht mit dem Eintritt in den Kindergarten oder später in die Schule ein Abnabelungsprozess an, müssen viele Eltern das Loslassen ihrer Kinder erst lernen. Eine von uns befragte Erzieherin schildert, dass in Elterngesprächen mit Frühchen-Eltern immer wieder über das „Trauma der frühen Geburt" und die Zeit danach gesprochen wird. Ihren Kollegen rät sie: *„Eltern von Frühgeborenen brauchen oft ein offenes Ohr, um über die Zeit der Geburt und danach zu sprechen und machen sich gegebenenfalls mehr Sorgen um die Entwicklung ihres Kindes."*

Erzieherinnen in Kindertagesstätten wurden von den von uns befragten Eltern über die frühe Geburt informiert. Befragte Erzieherinnen gaben an, mit Geduld,

Zeit und speziellen Angeboten auf Kinder und Eltern eingehen zu können. Insofern kann man Eltern durchaus zu einem offenen Umgang mit dem Thema in Kindertagesstätten, Erziehern gegenüber, raten.

Lehrer hingegen gaben an, eher selten über die Frühgeburt eines Schülers oder einer Schülerin informiert zu werden, aber auch gar keine Möglichkeit zu haben, darauf besonders eingehen zu können.

„Lassen Sie sich nicht von Kindergarten und Schule unter Druck setzen."

„Akzeptiert die Kinder, wie sie sind, auch wenn sie nicht in das geforderte Schema passen."

„Findet je nach Handicap die richtige Einrichtung für die Kinder."

„Das Kind unbedingt ein Jahr länger im Kindergarten (ggf. Vorschulkindergarten) lassen, auch wenn keine sichtbaren Auffälligkeiten vorhanden sind – wir wollten es, Kindergarten nicht, er soll reif genug sein, in der Schule hat er aber Probleme gehabt. Unser Sohn wirkt auch einfach kindlicher als seine Freunde."

„Wählt kleine Gruppen mit wenig Lärm und geordneten Abläufen. Keine offenen Konzepte!"

„Wenn es geht, integriert die Kinder in den normalen Alltag. Interpretiert nicht zu viel hinein, nur weil die Kinder es am Anfang nicht leicht hatten. Trotzdem kann die Entwicklung der Kinder ganz normal verlaufen. Manchmal muss man auch etwas einfach auf sich zukommen lassen."

„Ich empfehle einen Integrationskindergarten, weil im Kindergartenalter eine individuelle Förderung und intensivere Betreuung aus unserer Sicht sehr wichtig und wertvoll ist. In einer normalen Grundschule am besten das Thema Frühchen dem Lehrer kurz mitteilen, aber nicht in der Klasse breittreten."

„Auch wenn der Lehrer der Meinung ist, ihr Kind müsste noch viel mehr üben und braucht noch viel intensivere Übungsmaßnahmen durch die Eltern, sollte man sein Kind nicht zu sehr unter Lerndruck stellen. Man nimmt ihnen sonst die komplette Freude an der Schule."

Eltern von Frühgeborenen sind oft sehr engagieret und informieren sich genau über Möglichkeiten, wie ihr Kind am besten gefördert werden kann. Leider sind viele dabei Einzelkämpfer, denn es gibt, abgesehen von den sehr zu empfehlenden Veröffentlichungen des Bundesverbandes „Das Frühgeborene Kind" kaum Literatur über Frühgeborene im Kindergarten- und Schulalter.

„Freut Euch über kleine Fortschritte und erwartet nicht zu viel."

„Man sollte möglichst schnell lernen, das eigene Kind, trotz der Beeinträchtigungen, so zu akzeptieren, wie es ist. Ich habe lange den Fehler gemacht, mein Kind mit anderen zu vergleichen. Jetzt versuche ich immer den einfachsten Weg für ihn zu nehmen, egal was andere Kinder oder Eltern (Supermamas) sagen oder tun."

„Ich wünsche allen Eltern von Frühchen, dass sie sich immer wieder darüber freuen können, dass es ihre Kinder trotz des sehr schweren Starts (der teilweise bis heute eine Rolle spielt) überhaupt geschafft haben, diesen Kampf zu gewinnen."

„Glaubt daran, dass alles machbar ist!"

„Frühchen sind besondere Kinder. Und besondere Kinder haben besondere Eltern!"

„Habt ganz viel Geduld mit den Kindern!"
Dieser Satz fasst die Ratschläge der von uns befragten Eltern sehr schön zusammen und kann als Ratschlag und Bitte auch an Erzieher, Lehrer und Therapeuten weitergegeben werden. Oder – um Pfarrer Bernhard Waldherr zu zitieren: *„Sünde ist: Nicht genug Liebe!"*

5.3 Nachwort

Liebe Eltern frühgeborener Kinder!

In diesem Buch haben Sie wertvolle Informationen erhalten, wie Sie Ihr Kind in der Kindergarten- und Grundschulzeit unterstützen und fördern können. Darüber hinaus haben die Autorinnen Ihnen u. a. anschaulich vermitteln können, wie sich Ihr Kind fühlt, wenn es die vielfältigen Aufgaben bewältigen soll, die an es gestellt werden. Sicher hatten Sie an der einen oder anderen Stelle ein „Aha-Erlebnis" bei den gestellten Erfahrungsaufgaben.

Wie viel unsere frühgeborenen Kinder jeden Tag leisten, ist selbst uns als Eltern nicht immer bewusst, obwohl wir sie schon lange begleiten und uns im Lauf der Zeit viel therapeutisches Wissen angeeignet haben. Wie viel Arbeitsleistung das schulische Lernen diesen Kindern abverlangt, ist darüber hinaus auch vielen ErzieherInnen und LehrerInnen nicht bewusst, denn der Umgang mit Wahrnehmungsstörungen und daraus entstandenen Lernproblemen war für sie meist kein verpflichtender Ausbildungsinhalt. Frühgeborene sind eine bislang in der pädagogischen Literatur leider kaum beachtete Gruppe aller Heranwachsenden.

Das Vertrauen der Kinder in sich selbst und in ihre Fähigkeiten aufzubauen und zu stärken, ist unser wichtigstes Anliegen als Eltern. Es muss auch das Anliegen der professionellen Lernbegleiter unserer Kinder sein bzw. werden. Um frühgeborenen SchülerInnen diese Erfahrung ihrer Selbstwirksamkeit ermöglichen zu können, müssen die LehrerInnen ihnen Erfolge ermöglichen. Dies können sie nur, wenn sie in der Lage sind, ihre Lernvoraussetzungen angemessen einzuschätzen und das Lernarrangement für sie passgenau zu gestalten.
Leider gelingt es vielen Eltern jedoch oft nicht, die besonderen Bedürfnisse ihres Kindes gegenüber den Lehrkräften zu verdeutlichen. Sie stehen als „Einzelfall" da, fühlen sich nicht ernst genommen und werden von Selbstzweifeln geplagt. Diese oft geschilderte Erfahrung macht es so wichtig, dass wir uns als Betroffene zusammenschließen, um die berechtigten Interessen der frühgeborenen Kinder in der schulischen Bildung zu vertreten. Erste erfolgreiche Schritte in dieser Richtung geht der Arbeitskreis „Frühgeborene und Bildung", welcher vom Bundesverband „Das frühgeborene Kind" e. V. ins Leben gerufen wurde. Werden Sie Mitglied und unterstützen Sie uns in dieser Arbeit!

Bei vielen frühgeborenen Kindern wird in den ersten Schuljahren eine weitere Begleitung durch Eltern und/oder Therapeuten notwendig sein, die über die schulische Förderung durch die Lehrkräfte hinausgeht. Dies ist eher die Regel als die Ausnahme. Es liegt darin begründet, dass die basalen Kompetenzen, die für das schulische Lernen Voraussetzung sind, bei Frühgeborenen oft langsamer reifen. So sind sie intellektuell oft in der Lage, mit ihren Alterskameraden gleichzuziehen. Ihre Motorik, Feinmotorik, Sprache oder Wahrnehmungsfähigkeit sind jedoch unreifer, sodass ihnen das Lesen, Schreiben oder Rechnen sehr viel mehr Mühe bereitet. Die basalen Kompetenzen der Frühgeborenen reifen allerdings kontinuierlich weiter. Wenn man die Lernfreude erhält und dem Kind zu Erfolgserlebnissen verhilft, bestehen oft gute Chancen, dass das Kind mit der Zeit ein erfolgreicher selbstständiger Lerner wird. Das ist nicht leicht und erfordert über längere Zeit eine gewisse Anstrengung und Mühe von Eltern und Kind. Und natürlich muss man genau beobachten, wann das Fördern in eine dauerhafte Überforderung umzuschlagen droht, die es unbedingt zu vermeiden gilt.

Zudem sollte man ein waches Auge darauf haben, ob sich eventuell eine Teilleistungsstörung oder eine Aufmerksamkeitsstörung andeutet. Beides tritt bei Frühgeborenen deutlich häufiger auf, als bei ihren reifgeborenen MitschülerInnen. Sollte dies der Fall sein, gilt es, zügig eine fundierte Diagnose einzuholen, um das Kind von Leistungsanforderungen zu entlasten, die es überhaupt nicht in dem geforderten Maße erbringen kann. Unser Schulsystem hält für die Förderung von SchülerInnen mit Teilleistungsstörungen, wie z. B. Lese-Rechtschreib-Schwäche, bestimmte Maßnahmen bereit.

Viele weitere Informationen über die Unterstützung frühgeborener Kinder im schulischen Bereich sowie zahlreiche Erfahrungsberichte finden Sie im Ratgeber „Frühgeborene und Schule. Ermutigt oder ausgebremst?“, der u.a. vom Bundesverband „Das frühgeborene Kind“ e.V. herausgegeben wurde und der ausschließlich unter http://www.fruehgeborene-rlp.de/800buch.html als Datei heruntergeladen oder als Buch bestellt werden kann.

Dort schreibt eine Frühchen-Mutter und Pädagogin: „Diese Kinder haben mit aller Kraft um ihr Leben gekämpft. Sie haben Dinge mühsam erlernen müssen, die für Reifgeborene selbstverständlich sind, wie zum Beispiel das Atmen. Mit aller Wahrscheinlichkeit haben sie schon den größten Kampf ihres Lebens bestanden, einen Kampf, den viele Menschen in 80 Lebensjahren nicht führen müssen. Ein solches Kind zu akzeptieren, es zu unterstützen und zu fördern, ohne es zu überfordern, bleibt für die Eltern eine ständige Herausforderung.“

Diese Aussage kann ich nur bestätigen: Ein Frühchen ins Leben zu begleiten, ist ein langer Weg. Es zu fördern, ohne zu überfordern, ist oft ein Balanceakt. Aber haben wir eine Wahl?

Unsere frühgeborenen Kinder haben das Recht auf eine Unterstützung, die es ihnen ermöglicht, ihr Lernpotential möglichst gut zu entfalten, um ihren eigenen Weg ins Leben zu gestalten.
Es lohnt sich, sich dafür zu engagieren.

Ihre
Karin Jäkel

Bundesverband „Das frühgeborene Kind“ e. V.
http://www.fruehgeborene.de

6. Anhang

6.1 Hinweise zu den Online Materialien

Immer wenn Sie im Buch dieses Zeichen sehen, finden Sie zum Thema Online Material auf unserer Website:

1. Unter diesem Link haben wir das Material für Sie abgelegt: http://www.verlag-modernes-lernen.de/docs/download-zm.php?code=zm376i_pu

2. Oder scannen Sie den Code ein:

3. Öffnen Sie die .pdf-Datei und drucken Sie sie aus.

6.2 Stichwortverzeichnis

AD(H)S *43, 76–70*

Auditive Differenzierung *56*

Auditive Figur-Grund-Wahrnehmung *56*

Auditive Merkfähigkeit *56*

Auge-Handkoordination *53*

Auslöser (einer Frühgeburt) *9*

Auszeitmethode *129–133*

Deutsch *62*

Duktus *12*

Dyskalkulie *48, 50, 63, 75–82*

Einschulung *20*

Entwicklungsverzögerung *40, 41, 65*

Ergotherapie *97, 98*

Feinmotori *19, 22, 26–29*

Figur-Grund-Wahrnehmung *54, 152*

Förderspiele *134*

Frühförderstellen *95*

Funktional Optometrie *103*

Gelbsucht *11*

Graphomotorik *65*

Grobmotorik *18, 22–25*

Grundwissen *64*

Hausaufgaben *141, 145*

Heilpädagogik *112*

Hunderterhaus *78*

Impulsivität *67–70, 154*

Kinesiologie *109*

Kognition *20, 22, 29–33*

Kunsttherapie *107*

Legasthenie *71, 73*

Leitfäden *115*

Lerntherapie *110*

Lerntipps *147*

Lese-Rechtschreibschwäche *72*

Lese-Rechtschreibstörung *72*

Logopädie *102*

Lungenreife *11*

Magnet-Kugeln *78*

Mathematik *63*

Montessoritherapie *108*

Mototherapie *100*

Motorik *18, 19, 22–29, 41, 65*

Musiktherapie *105*

Online Material *76, 78, 91, 115, 117, 119, 124, 145, 151, 154*

Organisation *60, 61*

Phonologische Bewusstheit *45*

Physiotherapie *99*

Punkteplan *19, 121–128*

Rechen-Lexikon *76*

Rechen-Theater *76*

Richtungshören *56*

Rotaviren *13*

Schulfähig *20*

Selbsterfahrung *149*

Soziale Entwicklung *33–36, 52, 83*

Soziale Integration *33–36, 52*

Sozialpädiatrische Zentren (SPZ) *96*

Sprache *36–39, 45, 62*

Therapeutisches Reit *114*

Token System *19, 121–128*

Verstärkerplan *19, 121–128*

Visualtraining *103*

Wahrnehmung *20, 53, 149*

Wahrnehmung, auditiv *56, 88, 91, 152*

Wahrnehmung der räumlichen Beziehungen *54*

Wahrnehmung, visuell *53, 54, 88, 149*

Wahrnehmungskonstanz *54*

Zahlenteppich *80*

Zehner markieren *77*

Raum für Notizen:

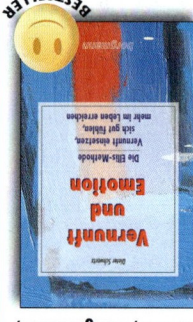

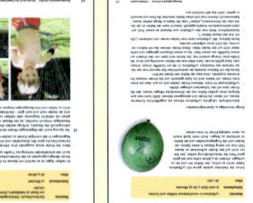